Unterrichtsmodell

EinFach DEUTSCH

Wolfgang Borchert

Draußen vor der Tür

erarbeitet von Sandra Graunke

herausgegeben von Johannes Diekhans

Best.-Nr. 022340 4

Schöningh

?	Arbeitsfrage
	Einzelarbeit
	Partnerarbeit
	Gruppenarbeit
	Unterrichts-gespräch
abc	Schreibauftrag
	Szenisches Spiel
	Mal- und Zeichenauftrag
	Bastelauftrag
P	Projektorientierung, offenes Unterrichtsangebot

Vorwort

Der vorliegende Band ist Teil einer Reihe, die Lehrerinnen und Lehrern erprobte und an den Bedürfnissen der Schulpraxis orientierte Unterrichtsmodelle zu ausgewählten Ganzschriften und weiterer relevanten Themen des Faches Deutsch bietet.
Im Mittelpunkt der Modelle stehen Bausteine, die jeweils thematische Schwerpunkte mit entsprechenden Untergliederungen beinhalten.
In übersichtlich gestalteter Form erhält der Benutzer/die Benutzerin zunächst einen Überblick zu den im Modell ausführlich behandelten Bausteinen.

Es folgen:
- Hinweise zu den Handlungsträgern
- Zusammenfassung des Inhalts und der Handlungsstruktur
- Vorüberlegungen zum Einsatz des Buches im Unterricht
- Hinweise zur Konzeption des Modells
- Ausführliche Darstellung der einzelnen Bausteine
- Zusatzmaterialien

Ein besonderes Merkmal der Unterrichtsmodelle ist die Praxisorientierung. Enthalten sind kopierfähige Arbeitsblätter, Vorschläge für Klassen- und Kursarbeiten, Tafelbilder, konkrete Arbeitsaufträge, Projektvorschläge. Handlungsorientierte Methoden sind in gleicher Weise berücksichtigt wie eher traditionelle Verfahren der Texterschließung und -bearbeitung.
Das Bausteinprinzip ermöglicht es dabei den Benutzern, Unterrichtsreihen in unterschiedlicher Weise und mit unterschiedlichen thematischen Akzentuierungen zu konzipieren: Auf diese Weise erleichtern die Modelle die Unterrichtsvorbereitung und tragen zu einer Entlastung der Benutzer bei.

Das vorliegende Modell bezieht sich auf folgende Textausgabe:
Wolfgang Borchert: Draußen vor der Tür und weitere Werke. Schöningh Verlag Paderborn 2001. Best.-Nr.: 022341-2

© 2005 Bildungshaus Schulbuchverlage
Westermann Schroedel Diesterweg Schöningh Winklers GmbH
Braunschweig, Paderborn, Darmstadt

www.schoeningh.de
Schöningh Verlag, Jühenplatz 1–3, 33098 Paderborn

Druck A 5 4 3 2 1 / Jahr 2009 08 07 06 05
Alle Drucke der Serie A sind im Unterricht parallel verwendbar.
Die letzte Zahl bezeichnet das Jahr dieses Druckes.

Druck und Bindung: AZ Druck und Datentechnik GmbH/Kempten (Allgäu)

ISBN 3-14-022340-4

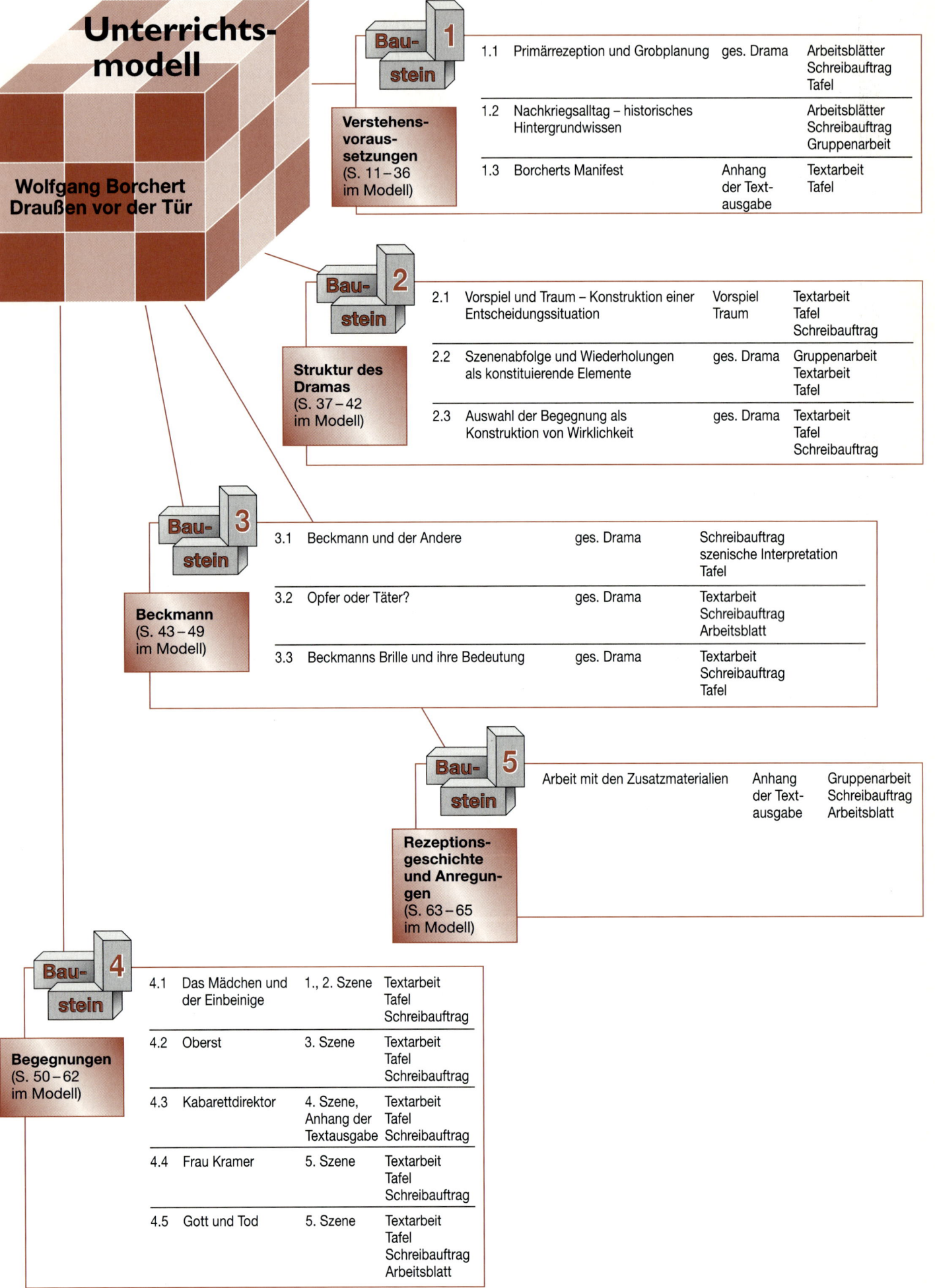

Inhaltsverzeichnis

„Von einem Mann, der nach Deutschland kommt, einer von denen. Einer von denen, die nach Hause kommen und die dann doch nicht nach Hause kommen, weil für sie kein Zuhause mehr da ist. Und ihr Zuhause ist dann draußen vor der Tür. Ihr Deutschland ist draußen, nachts im Regen, auf der Straße.
Das ist ihr Deutschland." (S. 8)

Hamburg nach dem Krieg

Personen

Beckmann: Er ist Kriegsheimkehrer. Nach seiner Beteiligung am 2. Weltkrieg und dreijähriger russischer Kriegsgefangenschaft kommt er nach Deutschland zurück und versucht erfolglos im Nachkriegsalltag wieder Fuß zu fassen.

Der Andere: Er ist die innere Stimme Beckmanns, die ihn zum Weiterleben ermutigen will.

Beckmanns Frau: Sie hatte mit Beckmann einen einjährigen Sohn, der jedoch im Krieg getötet wurde. Sie wartet nicht auf Beckmann, sondern hat einen neuen Partner gefunden.

Das Mädchen: Einsam und verzweifelt nimmt sie Beckmann auf und bietet ihm Schutz und Nähe.

Ihr Mann: Ebenfalls ein verwundeter Kriegsheimkehrer, von dessen Tod seine Frau bereits überzeugt war, da er seit Stalingrad vermisst wurde, und der nun Beckmann bei seiner Frau antrifft.

Der Oberst: Vorgesetzter Beckmanns im Krieg, der ihm den Befehl zu einer Mission gab, in dessen Verlauf elf von zwanzig Untergebenen den Tod fanden. Er selbst leidet nicht unter seinen Kriegserfahrungen und genießt den Nachkriegsalltag im Kreise seiner Familie.

Der alte Mann: Mitleidsvoll und ohnmächtig bedauert Gott das Leiden der Menschen.

Der Straßenfeger/ Der Beerdigungsunternehmer: Mächtig und überfressen profitiert der Tod vom Krieg.

Inhalt

Draußen vor der Tür. Ein Stück, das kein Theater spielen und kein Publikum sehen will, von Wolfgang BORCHERT (1921–1947), als Hörspiel gesendet am 13.2.1947, Hamburg, Nordwestdeutscher Rundfunk; Uraufführung als Bühnenstück: Hamburg, 21. 11. 1947, Kammerspiele. – Das Stück [...] erzählt die Geschichte des Russlandheimkehrers Beckmann, der nach drei Jahren sibirischer Gefangenschaft seine Frau in den Armen eines anderen findet. Er ist, wie es in einer Vorbemerkung heißt, *„einer von denen, die nach Hause kommen und die dann doch nicht nach Hause kommen, weil für sie kein Zuhause mehr da ist. Und ihr Zuhause ist dann draußen vor der Tür. Ihr Deutschland ist draußen, nachts im Regen, auf der Straße. Das ist ihr Deutschland."*
Beckmann, der Heimkehrer mit dem steifen Knie und der grotesken Gasmaskenbrille, beschließt, seinem Leben ein Ende zu machen. Doch die Elbe will ihn nicht; bei Blankenese wirft sie ihn wieder ans Ufer. Noch einmal muss er versuchen, im Leben wieder Fuß zu fassen. Aber seine Versuche schlagen fehl. Eine Frau nimmt ihn mit und schenkt ihm die Kleider ihres verschollenen Mannes – da kehrt dieser, einbeinig und auf Krücken, zurück. Beckmann sucht seinen ehemaligen Oberst auf, um ihm *„die Verantwortung zurückzugeben"*, die ihm jener im Krieg für einen Spähtrupp aufgeladen hat und deren Folgen ihn heute nicht mehr schlafen lassen – aber der Oberst lacht ihn aus. Ein Kabarettdirektor, bei dem er mit tristen Bänkelliedern vom Leiden des Krieges Arbeit sucht, speist ihn mit Phrasen ab [...] und schickt ihn weg – denn *„wer will heute etwas von der Wahrheit wissen?"* An der Wohnungstüre seiner Eltern öffnet eine Frau Kramer und erzählt ihm, dass die beiden Alten sich inzwischen das Leben genommen haben. Beckmann will endgültig aufgeben: Seine Straße führt hinunter, wieder der Elbe zu. „Der Andere" – eine Art lebensbejahendes, optimistisches *alter ego,* das ihn auch auf seinen bisherigen Lebensstationen begleitet hat – versucht vergebens, ihn zur Umkehr zu bewegen. In einem Traum begegnet er einem weinerlichen alten Mann, dem „lieben Gott", den er mit sarkastischem Mitleid seiner Wege schickt, und, in Gestalt eines Straßenkehrers, dem Tod, den er bittet, eine Tür für ihn offen zu halten; auch seine „Mörder" erscheinen ihm noch einmal, der Oberst, der Direktor, Frau Kramer, seine Frau mit ihrem neuen Freund; am Ende kommt der Einbeinige, um seinerseits von Beckmann Rechenschaft zu fordern – er ist in die Elbe gegangen, und so ist Beckmann ebenfalls zum Mörder geworden. Als er aus dem Traum erwacht, muss er erkennen, dass er kein Recht auf seinen Selbstmord hat, dass er allein weiterleben muss, verraten, wie er ist: Keiner hört ihn, keiner gibt ihm mehr Antwort.

Vorüberlegungen zum Einsatz des Dramas im Unterricht

Für eine Behandlung von Borcherts Schauspiel im Unterricht sprechen vielerlei Gründe:

Das Werk W. Borcherts ist verhältnismäßig überschaubar und den Schülern und Schülerinnen in der Sekundarstufe 1 durch die Interpretation einzelner Kurzgeschichten bereits häufig in Ansätzen bekannt. Durch die Behandlung von „Draußen vor der Tür" lernen die Schüler somit zum einen sein dramatisches Werk kennen, zum anderen fügt sich ein wesentlich umfassenderes Bild des Gesamtwerkes eines Autors zusammen, als dies bei anderen Autoren mit dieser „Textkürze" denkbar ist.

Mit Borchert lernen die Schülerinnen und Schüler zudem ein bedeutsames Werk der sog. Kahlschlagliteratur kennen. Sehr authentisch thematisiert der Autor mit als Erster Probleme seiner Zeit und ist gleichzeitig mit ihr so stark verwoben, dass seine Wirklichkeitsdarstellung die Sicht der Betroffenen spiegelt. Die Auswirkungen der Zeitgeschichte auf die Literatur sind hier sehr greifbar und für Schüler direkt ersichtlich.

Die Thematik ist, obwohl sie geschichtlich klar verankert ist, auch heute noch von Relevanz für die Jugendlichen, da sie zentrale Aspekte aufgreift: Die Abhängigkeit der Menschen von gesellschaftlichen Umständen, wankendes seelisches Gleichgewicht in Krisensituationen, die Frage nach dem Sinn des Lebens und die Kriegsproblematik. Die – vom Alter her gesehene – Nähe der Lernenden mit Beckmann, der in den Krieg aufbrechen musste, erleichtert ihnen eine Auseinandersetzung mit der Figur und Einblicke in die Tragweite, die dieser Lebensweg für den Heranwachsenden haben muss und wird.

Das Werk kann in den Sekundarstufen I und II in unterschiedlichen Komplexitätsgraden thematisiert werden. Sprachliche und dramatische Gestaltung des Werkes sind einfach. Deshalb ist die Behandlung in den Jahrgangsstufen 8 – 10 unproblematisch. Der Leseprozess kann unvorbereitet allein durch die Lernenden vollzogen werden.

Als **Klassenarbeiten** bieten sich folgende Aufgaben an:

I.) Textanalyse und Dialoganalyse:
   - Charakterisiere Frau Kramer (vgl. S. 47 – 50).
   - Kennzeichne das Verständnis des Kabarettdirektors von den Aufgaben des Theaters (vgl. S. 37 – 45).
   - Analysiere das Gespräch zwischen Beckmann und dem Mädchen (vgl. S. 19 – 23).
   - Analysiere das Gespräch zwischen Beckmann und dem Anderen (vgl. S. 50 – 55)
   - Analysiere das Gespräch zwischen Gott und Tod (vgl. S. 9 – 12). Kennzeichne vor allem ihr im Gespräch zum Ausdruck kommendes Verhältnis zueinander.

– Beckmann ist in der Begegnung mit Frau Kramer emotional aufgewühlt, ist unsicher und verzweifelt. Zeige, wie dies inhaltlich und sprachlich zum Ausdruck kommt. Beurteile abschließend, inwieweit diese Begegnung eine typische innerhalb des Dramengeschehens ist (Lies dazu auch S. 66 – 67 und 71).
– Arbeite die Argumentationsstruktur des Kritikers heraus und nimm auf der Grundlage differenzierter Textkenntnis Stellung (vgl. Baustein 5, Arbeitsblatt 13, S. 65).

II.) Produktionsorientierte Aufgaben:
– Formuliere eine differenzierte Anklageschrift Beckmanns gegen den „lieben Gott" (vgl. S. 55 – 57).
– Beckmann reflektiert eine Begegnung. Schreibe einen inneren Monolog.

Literatur:
Beyersdorf, Peter u. a. (Hg): Wolfgang Borchert: Draußen vor der Tür. Königs Erläuterungen und Materialien. Hollfeld, 9. Auflage 1980.
Balzer, Bernd: Wolfgang Borchert: Draußen vor der Tür. Grundlagen und Gedanken zum Verständnis des Dramas. Diesterweg, Frankfurt am Main 1983.

Geschichtlicher Hintergrund:
Westermann Schulbuchverlag: Praxis Geschichte. Nachkriegsjahre. Juli 2002 (Heft 4, 14. Jg.), bes. S. 11 – 18.
Bundeszentrale für politische Bildung (Hg): Neubeginn und Wiederaufbau 1945 – 1949. Bonn, 2. Auflage 1989.
Bundeszentrale für politische Bildung (Hg); Deutschland 1945 – 1949. Besatzungszeit und Staatengründung. Bonn, 2. Quartal 1998, Heft Nr. 259.

Konzeption des Unterrichtsmodells

Das Modell geht weitgehend von einer textimmanenten Schwerpunktsetzung aus. Dabei geht es neben den strukturellen Besonderheiten besonders auf inhaltliche Akzente ein, die sich durch die Personenkonzeption und Beziehung des Protagonisten zu den anderen Figuren ergeben. Dazu werden sowohl textanalytische als auch handlungs- und produktionsorientierte Verfahren benutzt, die zum Teil alternativ angeboten werden. Der Aspekt der Sprachgestaltung des Dramas wird den Lernenden im zweiten Teil der Sek. I verstärkt vor Augen geführt und eingeübt. Innerhalb der einzelnen Bausteinteile werden mehrere unterschiedliche inhaltliche Schwerpunkte thematisiert. Unter diesen sollte der Lehrer oder die Lehrerin nach den Interessen bzw. Verständnisschwierigkeiten der Lernenden bzw. nach den Erfordernissen der anstehenden Klassenarbeit aussuchen. Es ist nicht sinnvoll, alle inhaltlichen Schwerpunkte zu bearbeiten, da die Lernenden sonst nach kurzer Zeit schon übersättigt sind und viele übergeordnete Aspekte gar nicht besprochen werden können. Dies gilt in besonderer Weise für den Baustein 4.

Baustein 1 thematisiert mögliche Zugangsweisen und die Verstehensvoraussetzungen und bemüht sich darum, inhaltliche Nähe zwischen Lernenden und Stoff herzustellen und zeitliche Distanz und Unkenntnis der historischen Bezüge abzubauen. Für ein besseres Textverständnis wird Borcherts Sprache als Ausdruck seines Zeit- und Lebensgefühls gekennzeichnet.

Baustein 2 rückt die Struktur des Dramas in den Mittelpunkt. Vorspiel und Traum kennzeichnen Beckmanns Entscheidungssituation zwischen Selbstaufgabe und neuem Lebensversuch. Szenenabfolge und Wiederholungen als strukturelle Gestaltungsmittel werden thematisiert, ebenso die Bedeutung der Auswahl der Begegnungen für die Darstellung der Zeit.

Baustein 3 geht auf den Protagonisten ein. Für die Lernenden ungewöhnlich ist die Darstellung Beckmanns in zwei „Figuren". Der Andere wird in seinem Gesprächsverhalten, seiner Funktion und seinem Verhältnis zu Beckmann beleuchtet. Auf der Grundlage des gesamten Dramas wird zudem eine möglichst genaue Charakterisierung Beckmanns vorgenommen, die auf der zentralen Frage, ob Beckmann Opfer oder Täter ist, basiert. Beckmanns spezieller Blick als Heimkehrer auf seine Zeit findet seinen Ausdruck in seinem besonderen Verhältnis zur auffälligen Gasmaskenbrille, worauf ein Erarbeitungsschwerpunkt gelegt wird.

Baustein 4 weitet den Blick und geht auf die Begegnungen mit den Menschen ein, die Beckmann „draußen vor der Tür" stehen lassen. Sie werden gemäß ihrer zeitlichen Abfolge behandelt.

Baustein 5 zeigt die Rezeption des Dramas in der Nachkriegszeit und in heutiger Zeit. Kontroverse Zeitungsrezensionen regen zum Nachdenken über Stärken und Schwächen des Stückes an, über Möglichkeiten der Aktualisierung und seinen zeitunabhängigen Gehalt und fordern die Lernenden zu einer persönlich begründeten Stellungnahme heraus.
Zudem beleuchtet der Baustein Möglichkeiten, die Zusatzmaterialien der Textausgabe für das Unterrichtsgeschehen nutzbringend einzusetzen, ohne die Texte im Einzelnen zu analysieren.

Die thematischen Bausteine des Modells

Bau- 1 stein *Verstehensvoraussetzungen*

Der Baustein stellt verschiedene Zugangsweisen vor, die teilweise vor, teilweise nach der Textlektüre sinnvoll einzusetzen sind.

1.1 ☐ Primärrezeption und Grobplanung

Hier sollen unterschiedliche Möglichkeiten des Einstiegs dargestellt werden, die jeweils spezifische Ansatzpunkte wählen:

Ideenstern

Ausgehend von zentralen Zitaten entwickeln die Lernenden mögliche Aspekte der Thematik und setzen sich mit wesentlichen Charakterzügen der Hauptfigur auseinander.

Es eignen sich:
- „Vielleicht bin ich auch ein Gespenst. Eins von gestern, das heute keiner mehr sehen will." (S. 20)

- „Jede Nacht dieser furchtbare Schrei. Und dann kann ich nicht wieder einschlafen, weil ich doch die Verantwortung hatte." (S. 32)

- „Man schreit auch nicht mehr, und man schluchzt nicht. Man hält es aus. Zwei Tote. Wer redet heute von zwei Toten!" (S. 50)

- „Dieses Leben ist weniger als nichts. Ich mach nicht mehr mit." (S. 53)

Die Zitate werden auf einen DIN-A3-Bogen in die Mitte geschrieben, um den sich jeweils vier Lernende gruppieren, die ihre Assoziationen zeitgleich aufschreiben. Nach ein paar Minuten wird das Blatt auf ein Signal hin gedreht und jeder verfolgt den Gedanken seines Nachbarn weiter oder widerspricht ihm. Auf diese Weise kommt es zu einer ersten subjektiv gefärbten Annäherung an den Text.

Handlungsplot entwerfen

Ausgehend vom Personenregister können die Lernenden noch ohne Textkenntnis mit dem zur Verfügung stehenden Personal einen Handlungsplot entwickeln. Dabei ist es sinnvoll, die Charakterisierungen, die von Borchert vorgegeben sind, zu berücksichtigen. Je nach Vorkenntnis der Lernenden sollte sicherheitshalber noch einmal darauf verwiesen werden, dass die Angaben zu den Personen natürlich nicht wortwörtlich verwendet werden sollten, sondern lediglich der angegebene Charakter in dem selbst entworfenen Plot zum Ausdruck kommen muss.

In der Regel werden Handlungsentwürfe konstruiert, die vielfältige Beziehungen zwischen der Mehrzahl der Personen herstellen. Meist werden Eifersucht bzw. Rivalitäten zwischen Beckmann und dem Freund seiner Frau als Konflikt angelegt, in welchen die anderen Personen hineingezogen werden. Der Andere ist derjenige, der „jeden kennt". Er ist somit am ehesten Kontaktfigur und Bindeglied zwischen den Personen, und ihm wird dadurch eine große Bedeutung in Bezug auf Informationsaustausch und gegebenenfalls Intrigen-Planungen zuteil.

Eher selten werden die Lernenden ein „Drama" konzipieren, dessen ganzer Zusammenhalt weitgehend nur durch eine Person gegeben ist und in dem die meisten Figuren nur zu dieser in Beziehung stehen. Die Handlungsentwürfe können somit zu einem späteren Stand der Textkenntnis als Kontrastfolie benutzt werden, um die stark reihende, linear-chronologische Struktur und die Fokussierung auf Beckmann im Borchert-Text zu thematisieren (vgl. Baustein 2.2).

❑ *Entwerft einen groben Handlungsentwurf. Geht dabei vom Personenregister aus und berücksichtigt die Charaktere der Figuren, soweit diese aus den Beschreibungen ersichtlich werden.*

Identifikation mit Personen auf dokumentarischen Fotos

Bei diesem Verfahren suchen die Lernenden gezielt ein Foto aus einem vorgeschlagenen Pool (vgl. Arbeitsblätter 1–5, S. 14–18) aus. Die Arbeitsblätter können dafür kopiert und zerschnitten werden, sodass alle Lernenden Auswahl haben und „ihr" Foto zu ihrem Arbeitsplatz mitnehmen können. Die Lernenden versuchen sich in den dargestellten Augenblick mit allen Sinnen hineinzuversetzen, registrieren eigene Gefühle und Gedanken, legen eine Perspektive fest und schreiben zu ihrem Foto einen Text, der somit ihren subjektiven Zugang zur allgemeinen Kriegsthematik widerspiegelt. Es handelt sich hier um einen vorwiegend emotionalen Zugang. Im Anschluss werden die Texte vorgelesen und ggf. sortiert, sodass die unterschiedlichen Lebensbereiche, die durch den Krieg beeinflusst werden, deutlich werden.

❑ *Suche ein Foto aus. Was denkst oder fühlst du beim Betrachten? Versetze dich in die Situation. Was ist vor dem fotografierten Augenblick passiert, was nachher? Was ist zu riechen, zu fühlen, zu hören? Lege eine Perspektive fest (Außenstehender, Betroffener, Angehöriger ...) und schreibe einen Text zu deinem Foto.*

Erfassen der geschichtlichen Situation

Die Fotos der Arbeitsblätter 1–4 können auf Folie kopiert werden. Dies ist aufgrund der Schwarz-Weiß-Dokumentarfotos ohne großen technischen Aufwand möglich. Anschließend können nacheinander einzelne aufgedeckt und beschrieben werden.

Die verschiedenen Aspekte Wohnungsnot, Ernährungskrise, Frauen und Kinder, Kohlenkrise werden so deutlich.

❑ *Beschreibe die Fotos möglichst genau. Was erfährst du über die Nachkriegszeit? Überlege Sprech- bzw. Gedankenblasen für die Menschen in den jeweiligen Situationen.*

Heimkehrer

Die Lernenden werden durch den Text von Dieter Lattmann (Arbeitsblatt 5, S. 18f.) und das gleichzeitige Zeigen des Fotos „Kriegsheimkehrer" (auf Folie ziehen, groß an die Wand bringen) in die Zeit und die Gefühls- und Gedankenwelt eines Kriegsheimkehrers eingeführt. Der Text geht differenziert auf die Innenwelt des Soldaten bei seiner Rückkehr ein und füllt somit eine Leerstelle des Dramas von Borchert. Das Foto veranschaulicht sehr plastisch den Grad der Zerstörung in deutschen Städten. Dieser Einstieg ist im Gegensatz zu der Identifikation mit den Personen auf den dokumentarischen Fotos stärker auf die eigentliche Dramenthematik fokussiert, verzichtet aber dementsprechend auf einen allgemeinen subjektiven Zugang zum Thema Krieg.

Der „Klappentext"

Bei diesem Verfahren zum Einstieg arbeiten die Schülerinnen und Schüler weitgehend selbstständig in Gruppen. Jede Gruppe erhält einen großen Papierbogen und schreibt den Titel „Draußen vor der Tür" in die Mitte. Anschließend werden über einen bestimmten Zeitraum der Reihe nach Begriffe um den Titel herum aufgeschrieben, die den Lernenden zu dem Schauspiel einfallen. Es kann sich um Wertungsaspekte, inhaltliche Gesichtspunkt, Verständnisakzente oder mögliche Arbeitsschwerpunkte handeln. Die Lernenden sprechen in dieser Phase nicht miteinander. Anschließend erhalten sie folgenden Auftrag:

❏ *Ihr habt zahlreiche Begriffe um den Titel herum aufgeschrieben. Einigt euch im Gespräch auf sechs Begriffe, die euch besonders wichtig erscheinen.*

Es wird wahrscheinlich eine lebhafte Diskussion einsetzen, in der die Schüler zwangsläufig ihre persönlichen Zugehensweisen und Verstehensschwerpunkte artikulieren. Es schließt sich eine kleine Präsentations- und Schreibphase an:

❏ *Begründet die Auswahl eurer Begriffe vor der Gesamtgruppe. Verwendet sie anschließend für eine vorläufige Buchbesprechung und schreibt diese auf.*

Der „Zeitstrahl"

Die Lernenden versuchen, die Ereignisse, die im Drama eine Rolle spielen, zeitlich auf einem Strahl zu ordnen. Sie werden sich auf diese Weise über Rückblenden klar und die Genauigkeit ihrer Textkenntnis kommt in den Grafiken deutlich zum Ausdruck.

❏ *Schreibe alle Ereignisse, die im Drama eine Rolle spielen, zeitlich geordnet auf einem Zeitstrahl auf.*

Als mögliches Tafelbild ergibt sich:

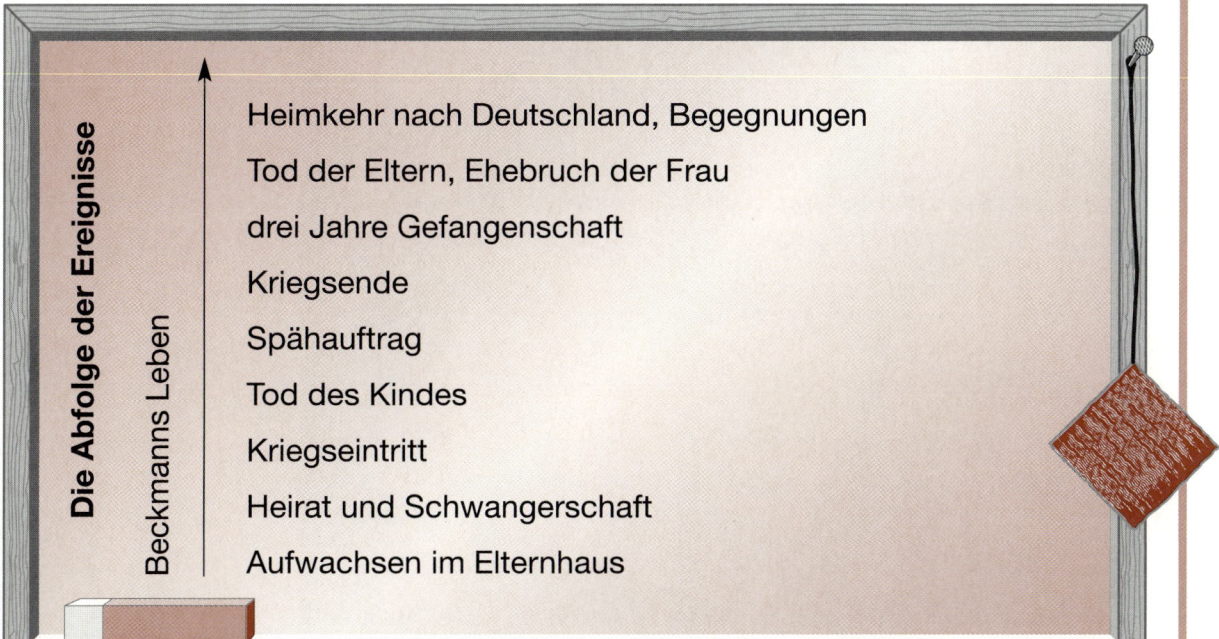

Ernährungskrise

Vor dem Brandenburger Tor legten die Berliner auf dem Gelände des Tiergartens im Hunger-sommer 1946 ihre Gemüsegärten an. Die wenigen Bäume, die die letzten Kämpfe überstan-den hatten, waren im Winter 1945/46 abgeholzt und verfeuert worden.

Tagesration für einen Deutschen in der amerikanischen Besatzungszone 1947

14

EinFach Deutsch: Unterrichtsmodell: Draußen vor der Tür. © Schöningh Verlag 2005

Wohnungsnot

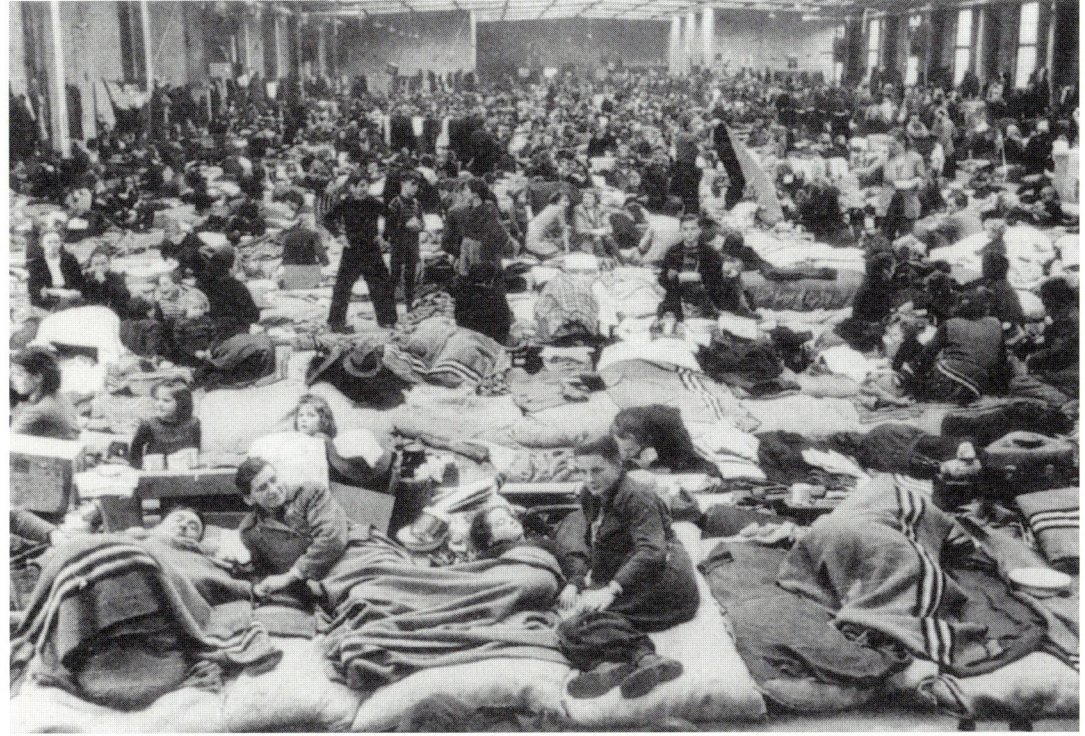

In den meisten Städten wurden die Vertriebenen in ein Durchgangslager in einer Turnhalle, in ehemaligen Wehrmachtsbaracken oder wie hier in einem Gymnasium untergebracht, wo sie in Klassenzimmern auf dem Fußboden schliefen. Das Essen wurde in einer Gemeinschaftsküche gekocht. Geschirr, Decken und viele andere Dinge stammten aus Wehrmachtsbeständen.

In den ersten Nachkriegsjahren herrschte in Deutschland katastrophale Wohnungsnot. In einem Studenten-Wohnheim in Hamburg, in dem jeweils 20 Studenten in einem Raum wohnten, schliefen und arbeiteten, versuchen vier Studenten, sich auf ihr Examen vorzubereiten.

EinFach Deutsch: Unterrichtsmodell: Draußen vor der Tür. © Schöningh Verlag 2005

15

Schwarzmarkt und Kohlenkrise

Er beschaffte alles, er verkaufte alles und er sicherte hunderttausenden von Deutschen das Überleben in den Hunger- und Notjahren zwischen 1945 und der Währungsreform im Juni 1948: der „Schwarze Markt", hier in Berlin am Brandenburger Tor, einem der größten Schieber- und Händlertreffpunkte der noch nicht geteilten Stadt im April 1946.

Plünderung eines mit Kohle beladenen Lastwagens im Ruhrgebiet 1947. Die Lieferung von Hausbrandkohle an die deutsche Bevölkerung war so knapp, dass in jedem Nachkriegswinter, vor allem aber 1946/47, als die Temperaturen bis auf minus 30 Grad absanken, ganze Bevölkerungsgruppen sich an der Jagd auf diese Kostbarkeit beteiligten.

EinFach Deutsch: Unterrichtsmodell: Draußen vor der Tür. © Schöningh Verlag 2005

16

Kinder und Frauen

Deutschland im Mai 1945, auf den „totalen Krieg" folgt die totale Niederlage. – Das Foto zeigt deutsche Soldaten, hier in Berlin, auf dem Weg in die sowjetische Kriegsgefangenschaft; im Vordergrund: halbwüchsige Jugendliche vom „Volkssturm".

Die Städte sind zum großen Teil zerstört, viele Familien ausgebombt. Die meisten Männer befinden sich in Kriegsgefangenschaft, werden vermisst oder wurden im Krieg getötet. Frauen werden per Gesetz des Alliierten Kontrollrates vom 14. Januar 1946 als Arbeitskräfte für die Beseitigung der Trümmer dienstverpflichtet.

EinFach Deutsch: Unterrichtsmodell: Draußen vor der Tür. © Schöningh Verlag 2005

17

Dieter Lattmann, „Der Tod des Rattenfängers" (1945/46)

„Der Matrose, der an einem Junimorgen 1945 kurz nach sechs Uhr in Braunschweig den Zug nach Peine bestieg, hatte sich für den Tag viel vorgenommen. Er fand Platz in einem Ab-

5 teil mit den Einschussspuren einer Maschinengewehrgarbe. Die sich neben ihm auf den Bänken drängten, fuhren schon wieder zur Arbeit. In den Gesichtern war keine Angst mehr, nur Hunger und Verdrossenheit.

10 Der Matrose war neunzehn Jahre alt. Er wunderte sich, dass er noch lebte. Vor einigen Tagen hatte ihn mit ein paar hundert anderen eine englische Lastwagenkolonne in der Stadt abgeliefert, sein Entlassungsschein lautete

15 hierher. Unter den Trümmern hatte er auch den Schutt des Hauses gefunden, in dem er das Ende seiner Kindheit verbracht hatte. Jetzt wollte er nach Hameln, denn man hatte ihm gesagt, dort könne er seine Mutter finden ...

20 Der Matrose redete mit niemandem. Er war zu lange unter Leuten gewesen, die sich Kameraden nannten, er wollte allein sein. Auf einigen Feldern stach man tatsächlich Spargel.

Am Himmel zeigte sich kein Flugzeug, in Peine stieg der Matrose mit allen Übrigen aus, 25 die weitere Strecke war noch nicht wieder in Betrieb. Er nahm den Seesack und machte sich zur Landstraße auf. [...]

Manchmal traf er andere Uniformierte, aber er schloss sich niemandem an. Alle waren sie 30 unterwegs auf dem großen Gerenne durchs Land. [...]

Der Matrose wurde das Staunen nicht los, dass es ihn noch gab. Er hatte geglaubt, der Rattenfänger werde sie alle umbringen. Das 35 Ende des Krieges war in seiner Vorstellung auch sein Ende gewesen. Nicht dass er dem Rattenfänger willig gefolgt wäre, auf ihn traf eher das Gegenteil zu. Zweimal hatte er ihn gesehen, einmal in Bückeburg auf dem Ern- 40 tefest, das andere Mal in Goslar auf dem Bauerntag, eine braune Wanderratte mit Spatenbart und abgespreiztem Arm, im schwarzen Wagen. Unvorstellbar, dass er so viel Macht besaß, eine weltgeschichtliche Figur. Auf der 45 Linie zwischen Bückeburg und Goslar lag Ha-

Hamburg nach dem Krieg

18

EinFach Deutsch: Unterrichtsmodell: Draußen vor der Tür. © Schöningh Verlag 2005

meln. Obwohl der Matrose damals noch Schüler gewesen war, hatte er doch begriffen, dass es in dieser Gegend von Ratten wim-
50 melte. [...]

Alles fiel ihm wieder ein, während er auf der Landstraße Fuß vor Fuß brachte, schleppender jetzt, die Gurte des Seesacks schnitten in die Schultern. Er war zu sehr mit sich be-
55 schäftigt, um viel von der Umwelt zu bemerken. Sah sich zum Rapport stehen, an jenem Tag im Januar, mit Koppel und Stahlhelm, stramm vor Ohnmacht und Wut. Sind Sie sich darüber klar, was das bedeutet?, schrie der
60 Korvettenkapitän. Mann, Sie aus einer Offiziersfamilie!

Zersetzung der Wehrmacht, wenn es darauf hinauslief, hatte er kaum eine Chance. Aber sie nannten es anders, degradierten ihn nur,
65 vom Kadetten zurück zum Matrosen, schlossen ihn aus als Anwärter für etwas, das er längst nicht mehr sein wollte, ein Offizier des Rattenfängers, sie sperrten ihn ein. Hinter der Eisentür, auf der Pritsche, die Kälte, die Un-
70 gewissheit, Woche um Woche – er hielt Monologe, verteidigte sich, übte Argumente ein. Was er gesagt hatte, was war es denn schon? Nur ein Bruchteil der Wahrheit. Der

Krieg sei verloren, die Offiziere des 20. Juli hätten das Notwendige gewollt, er hatte an-
75 geredet gegen den Irrsinn, Selbstverständlichkeiten. Gleichaltrige, die Kameraden hießen, denunzierten ihn.

Einer war da, der verhinderte, dass es mir an den Kragen ging, dachte er. Ich muss verrückt
80 gewesen sein, als ich mich, um aus der Haft herauszukommen, ausgerechnet zu den Einmanntorpedos meldete. Himmelfahrtskommando, ich glaubte ja, es sei aus. Einer war da, der dafür sorgte, dass der Antrag nicht
85 weiterging. Wenn ich herausfinde, wer es war, gibt es für mich etwas zu tun.

Er ging jetzt noch langsamer und zog den rechten Fuß etwas nach. Kilometer um Kilometer, Bilder über Bilder. Jetzt fängt alles von
90 vorne an, dachte er. Was jetzt beginnt, muss so werden, dass es sich gelohnt hat zu überleben. [...]

Der Rattenfänger war tot. Erst allmählich begriffen es die Bewohner des Landes, das er
95 mit ihrer Hilfe verwüstet hatte."

Aus: Ingeborg Drewitz (Hrg.): „Städte 1945. Berichte und Bekenntnisse", erschienen im Eugen Diederichs Verlag, Düsseldorf 1970

❏ *Kennzeichne die Gefühlslage des Heimkehrers möglichst genau.*

❏ *Begründe, ob Lattmann deiner Meinung nach ein Einzelschicksal beschreibt oder allgemeine Aussagen für Kriegsheimkehrer macht.*

EinFach Deusch: Unterrichtsmodell: Draußen vor der Tür. © Schöningh Verlag 2005

1.2 ⬜ Nachkriegsalltag – historisches Grundwissen

Die Schülerinnen und Schüler haben in der Regel keine konkreten Vorstellungen vom Leben unmittelbar nach einem Krieg. Auch der Zweite Weltkrieg ist ihnen oft ebenso fremd und von ihrer Vorstellungswelt weit entfernt wie Kriege aus vergangenen Jahrhunderten.

Durch das Lesen des Nachkriegsdramas kommen jedoch zahlreiche Fragen auf, z. B.: Wie fanden Heimkehrer ihre Angehörigen wieder bzw. wie erfuhren sie von deren Verbleib? Gab es schon wieder einen regelrechten Arbeitsmarkt oder welche Möglichkeiten, beruflich ohne Ausbildung tätig zu werden, gab es für die Heimkehrer? Wie groß war der Anteil der Kriegsgefangenen und wann kehrten sie nach Deutschland zurück? Welche Rolle blieb den daheim gebliebenen Frauen? Wie gestaltete sich die Wohnungssituation in den zerstörten Städten?

Wünschenswert ist, soweit möglich, eine Absprache mit dem Fach Geschichte, das den Zweiten Weltkrieg in der Regel in der 10. Klasse thematisiert. Es ist jedoch auch mit verhältnismäßig geringem Aufwand möglich, arbeitsteilig zumindest grundlegende Aspekte des Nachkriegsalltages innerhalb des Deutschunterrichts zum Beispiel auch als Referat den Lernenden nahe zu bringen. Dazu bieten sich Materialien der Zeitschrift Praxis Geschichte, Heft: „Nachkriegsjahre"[1] an, die geringfügig abgewandelt hier als Arbeitsblätter 6 – 8 eingefügt sind. Als hilfreich hat sich ebenfalls die Arbeit mit dokumentarischen Fotos erwiesen, die das Ausmaß der Zerstörung und den Grad von Armut und Verzweiflung der Menschen deutlich machen. Sie illustrieren die Aspekte zerstörtes Deutschland, Wohnungsnot, Ernährungskrise, Kohlenkrise und Schwarzmarkt (vgl. Arbeitsblätter 1 – 5 und Anhang der Textausgabe S. 76 – 77).

Das historische Hintergrundwissen erleichtert zum einen die Rezeption des Dramas und die Überbrückung der zeitlichen Distanz, zum anderen ermöglicht es den Lernenden einen beurteilenden Blickwinkel auf Borcherts Darstellung dieser Zeit (vgl. Baustein 2.3).

Die Ergebnisse der arbeitsteiligen Gruppenarbeit sollten nacheinander präsentiert werden. Dabei ist es sinnvoll, zwischen den Vorstellungen logische Zusammenhänge der Inhalte von den Lernenden herstellen zu lassen, z. B. Einfluss der improvisierten Selbstständigkeit auf die Wohnungssituation der Existenzgründer. Abschließend können auch direkte Bezüge zum Drameninhalt hergestellt werden, z. B. Beurteilung von Beckmanns Arbeitssuche beim Kabarettdirektor.

Folgende Gruppeneinteilung erscheint sinnvoll:

1. Wohnen und Hausbau (Arbeitsblatt 6)

2. Arbeitssuche/Geschäfts- und Betriebsgründungen (Arbeitsblatt 7)

3. Frauen und Gesellschaft (Arbeitsblatt 8)

⬜ *Präsentiert eure Gruppenergebnisse. Versucht logische Zusammenhänge zu den Ergebnissen der anderen Gruppen herzustellen.*

⬜ *Wie beurteilt ihr die Darstellung dieser Zeit in Borcherts Werk?*

---

[1] Praxis „Geschichte". Nachkriegsjahre. Heft 4/2002. Westermann Verlag. Dort: Eva-Maria und Wilhelm Lienert: Tausendfach Einmaliges geleistet. Die Zeit des Wiederaufbaus, S. 11 – 17

Der Aspekt der Kriegsgefangenschaft kann mit authentischem Material, welches der Autorin aufgrund der Familiengeschichte ihres Mannes vorliegt, vertieft werden. Dabei handelt es sich um einen Briefwechsel zwischen einer Ehefrau und Mutter dreier Söhne und ihrem Mann in russischer Kriegsgefangenschaft (vgl. Arbeitsblatt 9, S. 32) sowie einen erläuternden Brief eines Mitgefangenen an die Ehefrau (vgl. Arbeitsblatt 10, S. 33f.), in dem er schildert, unter welchen Umständen ihr Mann die Kriegsgefangenschaft erlebt. Dieser Brief ist nach seiner eigenen geglückten Heimkehr geschrieben.

Illustriert werden anhand dieses Materials die Aspekte Kriegsgefangenschaft in Russland und die Zerrissenheit der Familien. Der Mann schildert kaum seinen Alltag und seine Erfahrungen, er versucht vorrangig Interesse und Anteilnahme am Familienleben zu zeigen, was sich allerdings aufgrund der langen Abstände zwischen dem Senden und dem Empfangen der wenigen erlaubten Postkarten schwierig gestaltet.

Wohnen und Hausbau

① *In den Richtlinien der Militärregierung und des Innenministeriums war wörtlich festgelegt:*
„Geeignet und menschenwürdig ist eine Unterkunft nur dann, wenn ausreichende Nebenräume, Koch- und Beheizungsmöglichkeit sowie die notwendigen Einrichtungsgegenstände (Betten, Tische, Stühle, Schränke) vorhanden sind."

Aus: Landkreis Ludwigsburg (Hg.), die Eingliederung der Vertriebenen im Landkreis Ludwigsburg. Ludwigsburg 1986, S. 870

② *Ein Vertriebener erinnert sich:*
„Im Mai 1947 bekamen wir eine Wohnung zugewiesen. Als wir ankamen, wohnte schon jemand darin. Die nächste Wohnung, die wir beziehen durften, war leer, ohne ein einziges Möbelstück. Wir hatten einen kleinen Ofen im Rucksack mitgebracht. Von der Gemeinde erhielten wir zwei Bettgestelle, ein Klappbett und Papierstrohsäcke ... Nach zwei Monaten erhielten wir auch einen Bezugsschein für einen richtigen Ofen. Als der Händler damit ankam, schickte ihn unser Hausherr mit den Worten weg: ‚Hier braucht niemand einen Ofen.' Damals weinte meine Frau, als ich von der Arbeit heimkam. Wir haben den Ofen nicht mehr bekommen. Ich konnte ein Brett für eine Bank, einen alten Tisch und Kisten zum Sitzen erbetteln."

Aus: ebda

③ *Irmentraud Prade, damals 15 Jahre alt, berichtet:*
„Wir bekamen eine Wohnung in der Königsturmstraße bei Gewerbeschulrat B., das war ein Glücksfall. Herr B. war noch in jugoslawischer Kriegsgefangenschaft, wir waren bei seiner Frau und den drei Kindern untergebracht. Küche und Toilette wurden, wie damals üblich, von beiden Familien gemeinsam benutzt. B. behielten zwei Zimmer, wir vier Personen bekamen ein großes und ein kleineres Zimmer. Wir Mädchen haben mit Frau B. gekocht, aber wegen des Schwäbischen haben wir sie kaum verstanden. Geduldig hat sie jeden Satz dreimal wiederholt."

Interview Eva-Maria und Wilhelm Lienert, 1984

④ *Bericht eines Einheimischen aus dem Kreis Ludwigsburg:*
Als ich 1945 mit 23 Jahren aus dem Krieg zurückkehrte, waren 28 Gebäude im Dorf beschädigt oder zerstört. Die Obdachlosen lebten bei anderen Familien. Eines Tages hielt bei der Kirche ein Lastwagen mit Flüchtlingen. Eine dieser Familien, Eltern, Großeltern und drei Kinder, wurde in unser Haus eingewiesen. Wir hatten selbst wenig Wohnraum. Unsere Stube mussten wir durch eine Trennwand teilen, damit die Flüchtlinge einen Schlafraum erhielten. Die Küche benutzten wir gemeinsam. Abends, wenn wir von der Feldarbeit müde und hungrig heimkehrten, wollte Mutter ein warmes Essen machen, gerade da kamen auch die Männer der anderen Familie nach Hause, die den Tag über in der Fabrik gearbeitet und mittags nur Brot gegessen hatten. Das war sehr schwer für beide Teile, es gab manchmal Streit. Wir ärgerten uns auch, wenn die Kinder das Obst schon unreif von den Bäumen rissen. Und doch haben wir viele Jahre miteinander gelebt.

Aus: Landkreis Ludwigsburg (Hg.), a.a.O., S. 89

❏ *Vergleiche die amtlichen Richtlinien mit den realen Wohnverhältnissen.*

❏ *Beschreibe das Verhältnis zwischen Einheimischen und Vertriebenen.*

❏ *Inwiefern veränderte sich das alltägliche Leben für beide Seiten? Suche Beispiele in den Texten.*

⑤ *Bericht der Wohnraumkommission des Landkreises Böblingen, 1950:*

„Andreas M., Magstadt und seine Ehefrau sowie ein 14 Monate altes Kind (Frau M. erwartete ein weiteres Kind) haben ebenerdig ein 10 qm großes Zimmer, das zwei Fenster hat und sehr nass ist. Ein Bett, ein Feldbett, ein Kinderbett, Tisch und Schrank sowie ein eiserner Ofen füllen den Raum aus. Nebenräume sind nicht vorhanden. [...] Ebenfalls ebenerdig, und zwar anschließend, befindet sich die Wohnung der allein stehenden Hausbesitzerin, Frau Karoline N., nämlich eine geräumige Küche und zwei schöne große Zimmer, von zusammen 28 qm, die den Eindruck machten, dass sie nur zu höheren Festtagen benützt werden. Die Hausbesitzerin hatte in der Küche eine Strickmaschine aufgestellt und behauptete, dass sie diese Strickmaschine sonst im Zimmer habe, was wenig glaubwürdig erschien. In dem großen Schlafzimmer befanden sich u. a. zwei [...] Betten, von dem das eine offenbar keine Verwendung hat. Das Verhältnis zwischen Vermieterin und Mietern ist gespannt.

Aus: I. Eberl, Flucht, Vertreibung, Eingliederung. Sigmaringen 1993, S. 148

⑥ *Gemeinderätin und Geschäftsführerin der Selbsthilfe-Siedlergenossenschaft, Emilie Sedlatschek, berichtet über die Bauarbeiten in Filderstadt:*

„In der Siedlungsgenossenschaft hatten sich zunächst etwa 50 Baubewerber zusammengeschlossen, um [...] die Häuser in gemeinsamer Eigenarbeit zu errichten. 10 DM monatlich waren einzuzahlen und wöchentlich 16 Stunden am gemeinsamen Bauvorhaben zu arbeiten.

Alle Mitglieder halfen nach Feierabend am gerade im Bau befindlichen Haus mit, die Stunden wurden aufgeschrieben und beim eigenen Hausbau von den anderen Mitgliedern wieder abgearbeitet. So wurden in jedem Haus durchschnittlich 2000 Stunden Selbst- und Nachbarschaftshilfe geleistet, was die Baukosten erheblich senkte.“

Aus: B. Bechtold-Comforty, Alte Heimat – neue Heimat. Filderstadt 1991, S. 179

⑦ *Josef Janota vom Hilfsverband der Neubürger und späterer Landtagsabgeordneter berichtet:*

„Auf dem Rehnenhof wurden sowieso fast die gesamten Bauarbeiten von den Siedlern selbst ausgeführt. Die Frauen formten tagsüber die Steine und die Männer haben sie nach Feierabend sowie auch samstags und sonntags zum Bau der Häuser aufeinander gesetzt. Nachdem bekannt wurde, dass wir sonntags arbeiten wollten, kam der Einspruch von der Kirche. [...] So war ich gezwungen, mich an die höchste kirchliche Stelle, den Bischof, zu wenden. [...]
Der Bischof lehnte nach scharfen Verhandlungen ab, wir machten aber trotzdem weiter, denn wenn uns die Polizei den Bau eingestellt hätte, wäre es zu einem landesweiten Skandal gekommen. Am anderen Morgen ließ mir der Bischof die Nachricht zukommen, er möchte die Baustelle mit mir besichtigen und dort verhandeln. Der Bischof sah die fleißigen Frauen bei der Arbeit, konnte sich davon überzeugen, dass sie alle gute katholische Christen und Schäflein seiner eigenen Diözese waren und erteilte uns dann seinen bischöflichen Segen (für die Sonntagsarbeit).“

Interview Eva-Maria und Wilhelm Lienert, 1983

❐ *Die Siedler haben den Bischof überzeugt, dass es nötig ist, auch am Sonntag zu arbeiten. Berichte über ihre Argumente.*

❐ *Bedenke, dass an Samstagen überall regulär bis mittags gearbeitet wurde.*

Frauen formen von Hand 40 000 Hohlblocksteine, die an der Luft getrocknet werden, zum Bau der Heimatvertriebenen-Siedlung auf dem Rehnenhof bei Schwäbisch Gmünd.

❐ *Betrachte die Baustelle genau. Was fällt dir auf, wenn du sie mit heutigen Baustellen vergleichst?*

❐ *Was machte das Bauen in dieser Zeit besonders schwierig?*

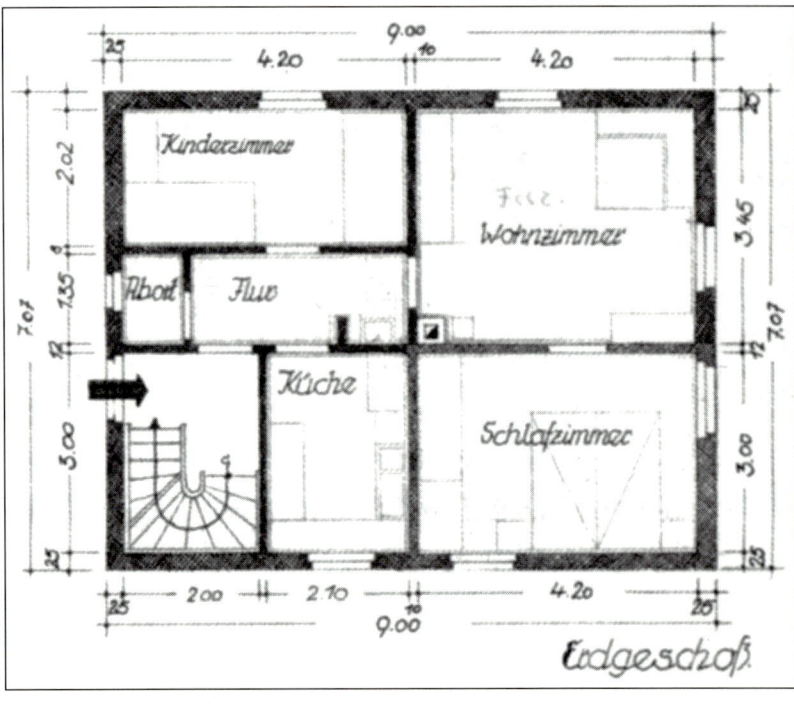

Wohnungsgrundriss aus einem typischen Nachkriegshaus

❐ *Berechne die Größe der einzelnen Zimmer.*

❐ *Vergleiche diese Wohnung mit einer/eurer heutigen Wohnung. Was fehlt? (Bedenke: Im Obergeschoss befindet sich noch eine Wohnung, in der eine zweite Familie lebt. Jede Familie hat mehrere Kinder.)*

24

EinFach Deutsch: Unterrichtsmodell: Draußen vor der Tür. © Schöningh Verlag 2005

Arbeitssuche

① *„Eher Fach- und Hilfsarbeitermangel, als Arbeitslosigkeit"*
„Die Schwierigkeit dabei ist aber die, dass Arbeitskräfte gesucht wurden, die körperlich voll einsatzfähig oder fachlich ausgebildet sind, während die Arbeitssuchenden zum größten Teil nur beschränkt arbeitsfähig – ältere Kaufleute, Schwerbeschädigte, Unterernährte, Ostflüchtlinge oder entlassene Kriegsgefangene – sind, die schwere Arbeit in Metall- oder Baubetrieben oder gar im Freien nicht leisten können. Dazu kommt der Facharbeitermangel, bedingt durch den Ausfall gerade der durch den Krieg am meisten mitgenommenen Jahrgänge vom 20. bis 45. Lebensjahr (Tote, Vermisste, Kriegsgefangene, Schwerbeschädigte) und das Fehlen des Berufsnachwuchses, der für fast 8 Jahre ausfällt."

Aus: Neue Württembergische Zeitung (NWZ) vom 18.1.1947, S. 5

② *Alfred Riedel, Vertriebener aus Schlesien, berichtet:*
„Seit 1925 waren Radios mein Hobby. Durch die Reparatur des kaputten Radios unserer Hausleute bekam ich bald andere Arbeiten. Von nun an hatte ich die Radios aus dem ganzen Dorf und darüber hinaus zur Reparatur. Von den Bauern ließ ich mich mit Lebensmitteln bezahlen (Brot, Eier, Butter). Nachdem sich mein Kundenkreis ausgedehnt hatte, brauchte ich auch immer häufiger Ersatzteile für die Radios. Die bekam ich zwar in Aalen und Stuttgart, aber nur, wenn ich Mehl, Eier usw. mitbrachte."

Aus: Interview Eva-Maria und Wilhelm Lienert, 1984

③ *Oberlenningen braucht Arbeitskräfte für die einheimische Industrie:*
„Oberlenningen zählte 1939 genau 1493 Einwohner, bereits 1950 wurde die 2000-Grenze überschritten. Der Industrie des Tales kam dieser Zustrom von Arbeitskräften gar nicht so ungelegen. Die Papierfabrik Scheufelen dachte damals an die Aufstellung einer neuen Papiermaschine, wozu sie Arbeitkräfte brauchte. Seit eh und je aber will das Papiermachen gelernt sein, deshalb war man daran interessiert, die Arbeiter bodenständig zu machen."

Aus: Stadt Nürtingen (Hg.), Im Schwabenland eine neue Heimat gefunden. Nürtingen 1983, S. 82

④ *Josef Lienert, heimatvertriebener Bergmann, berichtet:*
„Mit der Arbeit sah es schlecht aus, nicht nur wegen meines bisherigen Berufes. Ich bekam zuerst Gelegenheitsarbeiten, teils tage- oder auch nur stundenweise, so z. B. im Straßenbau. Ich habe halt ständig auf dem Arbeitsamt vorgesprochen und stets alle Arbeiten angenommen, die mir angeboten wurden."

Aus: Interview Eva-Maria und Wilhelm Lienert, 1983

⑤ *Helmut Gruß, heimatvertriebener Architekt, berichtet:*
„1948 habe ich mich in unserer Wohnung selbstständig gemacht, der einzige Wohnraum diente als Büro. Abends haben wir Feldbetten aufgestellt und dort geschlafen, die Kinder hatten nicht einmal ein eigenes Plätzchen zum Lernen. Wenn abends die Bauherren kamen (tagsüber hatten sie keine Zeit), konnten die Kinder nicht schlafen gehen und es ist oft 9 oder 10 Uhr geworden. Die Familie musste sich oft in der Küche aufhalten und manchmal mussten wir stehen, weil wir nicht genügend Stühle hatten."

Aus: Interview Eva-Maria und Wilhelm Lienert, 1984

⑥ *Franz Jandl, mit 17 Jahren aus Südmähren vertrieben, berichtet:*
„In Südmähren hatten wir einen Bauernhof mit 22 ha, der von der Mutter mit zwei Ausländern bewirtschaftet wurde, da der Vater verstorben war ... Nach der Vertreibung und dem üblichen Lageraufenthalt wurden wir

25

beim Bürgermeisteramt Oberbettringen abgeladen und dort von Bauern abgeholt, die Arbeitskräfte suchten. Wir kamen zum Bauern B. Meine Mutter hat auf dem Feld geholfen, ich wurde vom Bauern schon überall als

sein neuer Knecht vorgestellt. Das hat mir allerdings nicht so ganz gepasst, wie mir auch die Art des Bauern nicht gefiel."

Aus: Interview Eva-Maria und Wilhelm Lienert, 1984

- ❒ *Für die einheimische Industrie war es schwierig, geeignete Arbeitskräfte zu bekommen. Welche Gründe werden in den Texten genannt?*

- ❒ *Andererseits war es auch für viele Vertriebene nicht einfach, eine geeignete Arbeit zu finden. Woran lag das?*

- ❒ *Die Menschen mussten sich einiges einfallen lassen, um wieder selbst „ihr Brot verdienen" zu können? Welche Beispiele werden hier genannt?*

- ❒ *Was lässt sich über die Situation in der Landwirtschaft sagen?*

⑦ *Neue Geschäfte für Bonlanden:*
„So wurde beispielsweise einer Bonländer Neubürgerin im Juli 1947 anstandslos die Eröffnung eines Betriebes für ‚Oblaten und Eiswaffelerzeugung' gestattet. Als die Waffelbäckerin dann allerdings zielstrebig an den Ausbau ihres kleinen Unternehmens gehen und, ihrer Zeit weit voraus, in Bonlanden eine Eisdiele eröffnen wollte, lehnte der Gemeinderat den Antrag entrüstet ab: ‚Der gesamte Gemeinderat (war) der Ansicht, dass in heutiger Zeit Brot notwendiger als eine Eisdiele wäre, die etwa aufzuwendenden Materialien und Arbeitskräfte an anderer Stelle notwendiger wären.'
Realistische Chancen hatte dagegen ein auswärtiger Neubürger, der 1948 in Bonlanden eine Fachdrogerie eröffnen wollte. Er hatte bereits eine ehemalige Waschküche als Verkaufsraum gemietet. Wie Bürgermeister und Gemeinderat übereinstimmend bemerkten, war ‚das Bedürfnis, eine Drogerie am Ort zu haben, ... für Bonlanden in mehr als ausreichendem Maße gegeben', da durch den Zuzug der Neubürger die Bevölkerung um etwa 800 Personen auf 3000 Personen angestiegen war und sich die nächste Apotheke im Nachbarort Bernhausen befand."

Aus: B. Bechtold-Comforty, Alte Heimat – neue Heimat. Filderstadt 1991, S. 172

⑧ *Irmentraud Prade aus einer Gablonzer Schmuckwarenherstellerfamilie berichtet:*
„Im Sommer 1946 wurden auch unsere Eltern ausgewiesen ... Viel durften sie nicht mitnehmen, keine Werkzeuge – selbst Zangen wurden als Spezialwerkzeuge gerechnet. ‚Man hatte, was man wusste und was man konnte – und sonst 30 Kilo.' [...] Es wurden die ersten Kontakte geknüpft – man musste immer auf Draht sein. Mal gab es da 5 kg Material, mal dort einen Schraubenschlüssel, dort eine Blechdose als Behältnis. Die Firma Deyhle hat im Krieg Aluminiumtöpfe gemacht, diese Aluminiumabfälle wurden zum Verkauf angeboten und wir haben sie ergattert. Daraus haben wir Broschen mit Alpenmotiv gesägt, natürlich alles mit der Hand. Auch mit Wehrmachtsabfällen haben wir gearbeitet und man war froh, wenn man erfahren hat, wo etwas zu bekommen war. 1947 waren nur der Vater und die Familie beschäftigt, 1948 hatten wir schon drei Gehilfen."

Aus: Interview Eva-Maria und Wilhelm Lienert, 1984

EinFach Deutsch: Unterrichtsmodell: Draußen vor der Tür. © Schöningh Verlag 2005

⑨ *Auf den Fildern (bei Stuttgart) entsteht eine Textilindustrie:*

„Im Juli 1946 begannen sich verschiedene Textilbetriebe für die Arbeitskraft der Flüchtlingsfrauen zu interessieren. In Plattenhardt stimmte der Gemeinderat einem Pachtvertrag mit einem Textilunternehmen zu, das in der Turnhalle ‚Herren-, Damen- und Kinderwäsche sowie Trainingsanzüge' produzieren wollte.
Dort sollten hauptsächlich Flüchtlingsfrauen eingestellt werden. [...] In Sielmingen eröffnete die Firma Bleyle aus Stuttgart 1948 eine Filiale. In verschiedenen Gasthaussälen wurden Nähmaschinen aufgestellt. In Sielmingen waren überwiegend Neubürgerinnen beschäftigt, denen die Firma mit einer Lehrstelle eine weiter reichende Perspektive anbot. Damals konnten sich manche nicht vorstellen, dass sie ‚diese drei Jahre' überhaupt in Sielmingen bleiben würden, und lehnten das Angebot ab. Freilich mussten viele der Frauen und Mädchen auch Geld verdienen – und bei Akkordarbeit ‚konnte schon etwas zusammenkommen' –, um ihre Eltern, Geschwister oder Kinder zu versorgen.

Aus: B. Bechtold-Comforty, Alte Heimat – neue Heimat.
Filderstadt 1991, S. 170f.

⑩ *Wie steht es um die Stuttgarter Industrie? Ein Bericht der Stuttgarter Zeitung vom 25.10.1945:*

„Seit Stuttgart unter der amerikanischen Militärregierung steht, hat sich die Industrie in großem Umfang zur Wiedereröffnung der Betriebe ermutigt gesehen. [...] Was die Großbetriebe Daimler-Benz und Bosch betrifft, so werden dort zunächst noch neben Aufräumungsarbeiten im Wesentlichen nur Reparaturen ausgeführt. Verhältnismäßig erfreulich ist die Lage z. T. bei der Textilindustrie. So sind bei Bleyle wieder über 1000 Menschen in Arbeit gekommen. Die Möbelfabriken sind stark beschäftigt; bei Buschle wird z. B. voll gearbeitet. Es erklärt sich ja leicht aus dem ungeheuren Bedarf der Ausgebombten."

Aus: Generallandesarchiv Karlsruhe (Hg.), Der deutsche Südwesten zur Stunde Null, Karlsruhe 1975, S. 143

❏ *Welche Industriezweige blühen rasch wieder auf? Nenne die Ursachen für diesen Boom.*

❏ *Wer nach dem Krieg einen Betrieb gründen wollte, brauchte besondere Fähigkeiten. In welchen Beispielen wird dies deutlich?*

❏ *Worüber klagen alle, die in ihrem Betrieb etwas herstellen wollen?*

EinFach Deutsch: Unterrichtsmodell: Draußen vor der Tür. © Schöningh Verlag 2005

Frauen und Gesellschaft

1. Trümmerfrauen

Arbeit in den Trümmern und Ernährungslage

Nach dem Krieg waren fast 45 % des Wohnraums der Vorkriegszeit beschädigt. Die Menschen hausten daher in Kellern, Bunkern und Verschlägen. Auch hatten sie sehr wenig zu essen. Zusätzlich strömten Millionen von Flüchtlingen und Vertriebenen in die Städte und verschärften die Lage. In allen vier Besatzungszonen wurden Frauen zur Beseitigung der Trümmer verpflichtet und für den Wiederaufbau herangezogen.

Eine damals 36 Jahre alte Berlinerin berichtet:

„Ich war bei der Straßenreinigung angestellt. Da gab es große Pferdewagen, auf die haben wir die Steine aufgeladen. Pferde gab es nicht mehr, deshalb mussten wir Frauen die Wagen ziehen und schieben. An jeder Seite ein paar Frauen. Da hieß es: voll laden mit Schippen, immer rauf und wegbringen. [...] Naja, viel Lohn haben wir damals nicht gekriegt. 61 Pfennige waren das, glaub ich. Aber wir haben eine höhere Karte gekriegt, eine Arbeitskarte, das war das Attraktive daran. Denn die Hausfrauenkarte, die ich zuerst bekam, das war wirklich zum Leben zu wenig. 300 Gramm Brot [...] und sieben Gramm Fett pro Tag."

Aus: Informationen zur politischen Bildung 1/1997.

Eine andere Frau erzählt (1945):
„Trotz Regen schippten wir und füllten Eimer auf Eimer Dreck, damit die Händekette nicht abriss. Wir waren an die hundert Frauen aller Sorten. Die einen zeigten sich träge und lustlos und rührten sich nur, wenn einer unserer beiden deutschen Aufseher hinsah. (Immer kriegen Männer diese Aufseherposten!) Andere Frauen schufteten mit Hausfraueneifer, ja verbissen. ‚Getan muss die Arbeit doch werden', sagte eine tief überzeugt."

Aus: I. Schmidt-Harzbach, „Nun geht 'mal beiseite, Ihr Frauen!". In: Courage H. 7/1982, S. 50

❐ *Warum arbeiten die Frauen in den „Trümmern"? Beurteilen sie ihre Arbeit positiv oder negativ?*

❐ *Überlegt, wie die „Trümmerfrauen" ausgesehen haben können und welche Erfahrungen wohl hinter ihnen liegen.*

❐ *Wie hättet ihr diese Situation empfunden?*

2. Rollenverteilung

Leben in der Familie

1945 gab es in Deutschland 7 Millionen, 1950 noch 4 Millionen mehr Frauen als Männer. Die Frauen mussten daher die Rolle des Familienvorstands einnehmen, die vor dem Krieg den Männern vorbehalten war.

Frau R. erzählt:
„Meine Mutter war klein, zierlich und temperamentvoll und hat geschuftet wie ein Pferd. Aber als der Vater zurückkam, war das nicht mehr gefragt, da war ihre Tüchtigkeit, also lebenserfahrene und tüchtige Frau, keine Politikerin, muss ja nicht sein, aber das war auf einmal nicht mehr gefragt. Und als mein Bruder aus der Gefangenschaft kam, das hab ich für mich als Frau in der Familie als direkte Zurückstufung empfunden. Ich hab vorher mehr gegolten. Das hat mir schon zu schaffen gemacht."

Aus: R. Palm, „... neben dem Mann die andere Hälfte des Ganzen zu sein!?" Münster 1990, S. 159

❏ *Was ändert sich in der Familie nach der Rückkehr des Vaters und des Sohnes? Überlegt, welche Gründe es hierfür geben könnte.*

❏ *Wie hätten sich die einzelnen Familienmitglieder verhalten müssen, damit keine „Zurückstufung" stattfindet?*

❏ *Denkt ihr, die Mutter hat ähnlich empfunden wie ihre Tochter, oder hat sie die Situation möglicherweise nicht als Zurückstufung empfunden? Begründet eure Antwort.*

3. Eheschließungen, Geborene und Gestorbene 1938 bis 1946

Vorgang	1938	1946
Eheschließungen auf 1000 Einwohner	374 654 9,4	387 271 8,8
Lebendgeborene insgesamt auf 1000 Einwohner	787 513 19,8	718 551 16,3
Uneheliche Lebendgeborene auf 1000 Einwohner	50 281 63,8	117 410 163,4
Gestorbene[1] im ersten Lebensjahr auf 1000 Lebendgeborene[2]	46 912 59,6	64 988 96,9
Mehr Geborene als Gestorbene auf 1000 Einwohner	335 540 8,4	175 411 4,0

[1] Ohne Totgeborene, nachträglich beurkundete Kriegssterbefälle und gerichtliche Todeserklärungen
[2] Unter Berücksichtigung der Geburtenentwicklung in den vorhergehenden 12 Monaten

Aus: Wirtschaft und Statistik. Stuttgart 1960, S. 131. In: K.-J. Ruhl (Hg.), Frauen in der Nachkriegszeit. 1945–1963. München 1988, S. 282

❏ *Welche Aussagen könnt ihr über die Geburtenentwicklung treffen?*

❏ *Welche Rückschlüsse könnt ihr im Hinblick auf die Familienstrukturen der Nachkriegszeit ziehen?*

4. Heimkehr

□ *Das Ehepaar sieht sich nach vielen Jahren der Trennung und Ungewissheit wieder. Welche Gedanken gehen wohl dem Mann, der Frau durch den Kopf? Beschreibt ihre Gefühle.*

□ *Was mögen die Kinder der beiden denken, die auf ihren Vater warten?*

EinFach Deutsch: Unterrichtsmodell: Draußen vor der Tür. © Schöningh Verlag 2005

In den Besatzungszonen gab es ein so genanntes „Fraternisierungsverbot". Das bedeutete, dass die Besatzer und die Bevölkerung keinen freundschaftlichen Kontakt haben durften. Allerdings setzten sich viele über dieses Verbot hinweg. Wenn Frauen ein Verhältnis mit einem Besatzer hatten, wurden sie jedoch von den anderen ausgegrenzt.

5. Kontakt verboten?

Herr und Frau K. wurden 1929 bzw. 1931 geboren. Sie erinnern sich:

„Herr K.: Wenn eine junge Frau mit einem Amerikaner gesehen worden ist [...] und man wusste, die haben vielleicht ein Verhältnis mit-

Ein Besatzungssoldat mit seiner deutschen Freundin auf der Rollschuhbahn (Foto 1948).

einander, dann hat man automatisch gesagt: ‚Du Ami-Hure' [...] Man hat diese Frauen schon irgendwie geächtet. [...] Man hat sie links stehen gelassen, bewusst. Aber wissen Sie, die haben sich ja selbst in diese Lage versetzt gehabt. Sicher, man ist natürlich ungerecht gewesen. Dass da vielleicht schon eine große Liebe dahintergesteckt ist, das [...] hat man nicht unterschieden, nein. Das wäre unmöglich gewesen. Man kann doch einen Amerikaner nicht lieben! Das war ein unverzeihliches Vergehen. [...] Man hat einfach das Schlechteste angenommen. Sie hat ihren Körper für Ware preisgegeben, sagen wir so. Sie hat sich hingegeben für eine Stange Zigaretten oder für eine Flasche Cognac oder später für ein Paar Nylonstrümpfe, was es halt alles gegeben hat. So hat man das gesehen. [...]

Frau K.: Wir haben damals noch so diese ‚deutsche Frau' in uns gehabt. Und es hat ja schon genügt, wenn man sie mit einem Ami gesehen hat. [...] Die war schon erledigt für alle. Das war vielleicht ein bisschen hart damals, aber [...] die ‚deutsche Frau' war der Inbegriff der Seele, verstehen Sie, die ‚deutsche Frau'. Wissen Sie, man hat das natürlich nicht bewusst gemacht. Aber während unseres Aufwachsens war die ‚deutsche Frau', war die ‚deutsche Mutter' die Trägerin – da kann man bis ins Rassistische hineingehen – der besten Rasse. Die Garantin, nicht. Verstehen Sie?"

Aus: I. Bauer, Besatzungsbräute. In: I. Bandhauer-Schöffmann u.a. (Hg.), Nach dem Krieg. Herbholzheim 2000, S. 268.

❑ *Wie urteilt die Nachkriegsgesellschaft über Frauen, die sich mit Besatzern anfreundeten? Welche Meinung vertreten Herr und Frau K.? (Wie alt waren beide bei Kriegsende?)*

❑ *Warum erwähnt Frau K. in diesem Zusammenhang „die deutsche Frau"? Welche Vorstellungen hat sie über diese?*

EinFach Deutsch: Unterrichtsmodell: Draußen vor der Tür. © Schöningh Verlag 2005

Kriegsgefangenschaft

Stell dir vor, du bist Kriegsgefangener und seit Jahren von deiner Familie getrennt. In den letzten 12 Monaten hast du dreimal eine Postkarte von ihnen erhalten. Du darfst jetzt wieder eine schicken. Was schreibst du, was nicht? Beschrifte die Postkarte und schreibe einen inneren Monolog: Was geht dir beim Schreiben durch den Kopf?

_____

_____

_____

_____

_____

_____

Abdruck der Karte vom 14.4.1948

❏ *Diese Karte hat 1948 ein deutscher Soldat aus russischer Kriegsgefangenschaft an seine Familie geschrieben. Was macht der Brief über den Schreiber deutlich?*

❏ *Vergleiche deine Postkarte mit dieser Postkarte.*

32

Brief eines Augenzeugen

Hamburg, 9. Dezember 1946

Sehr geehrte Frau Grannke!

Ich danke Ihnen für Ihren Brief vom 4. Dezember, den ich gestern erhielt. Und nun will ich versuchen, Ihre Fragen zu beantworten. Franz und ich waren nicht bei einer Einheit. Wir lernten uns erst in der Gefangenschaft kennen. Gefangen wurden wir am 10. Mai in der Tschechei und dann in ein Sammellager nach Tabor gebracht. Wir waren dort in den Händen der Russen und vor dem Haß der Tschechen sicher. Am 1. Juni wurden wir zum Abtransport nach Rußland verladen und kamen am 23. Juni in Birsitza an. Das ist eine Stadt 8 km östlich von Brjansk. Untergebracht wurden wir mit ungefähr 800 Mann in einem Lager. Dort sind feste gemauerte Baracken mit Doppelfenstern, großen Öfen und dichten Dächern. Es ist so viel Platz, daß jeder seinen Schlafplatz hat. Geschlafen wird auf Pritschen. Jeder hat seinen Strohsack. Beschäftigt werden die Gefangenen mit Aufräumungs- und Neubauarbeiten. Es wird wohl flott gearbeitet, aber niemals jemand geschlagen oder sonst mißhandelt. Die Arbeitszeit geht von 7-12 und 2-7 Uhr, hinzu kommt noch der Weg zur Arbeitsstelle. Nun bei den kurzen Tagen ist die Arbeitszeit auch kürzer. Als Verpflegung gibt es morgens ¾ l Suppe und 200 gr Brot, mittags 1 l Suppe, ½ l Brei, 200 gr Brot und 1½ Eßlöffel Zucker und abends ¾ l Suppe und 400 gr Brot, außerdem Tee oder Kaffee. Für 10 Tage gibt es 53 gr Tabak. Die 800 gr russisches Brot entsprechen ungefähr 400-500 gr deutschem Brot. Die Suppen werden von Hirse, Grütze, Graupen, Mehl oder Hülsenfrüchten gekocht. Es gibt auch Kartoffeln und Kohl, seltener anderes Gemüse. Etwas Fett oder Speck oder Frischfleisch kommt auch an das Essen. Der Brei wird recht dick gekocht und ist fetter als die Suppe. Wenn

Brief eines Augenzeugen über die russische Kriegsgefangenschaft an die Ehefrau eines Mithäftlings

EinFach Deutsch: Unterrichtsmodell: Draußen vor der Tür. © Schöningh Verlag 2005

es mal keinen Brei gibt, dann gibt es dafür mittags 1½ l. Suppe. Es gibt so viel zu essen, daß keiner hungern braucht. Gekocht wird von deutschen Köchen. An Kleidung hat jeder seine Uniform, einen Mantel und Lederschuhe. Die Schuhe hatten uns die Russen erst weggenommen, damit sie für den Winter geschont würden. Mitte September erhielten wir sie zurück. So lange mußten wir auf selbstgemachten Holzschuhen gehen. Zweimal im Monat wird in einer Badeanstalt gebadet und dann auch das Zeug entlaust. Das Entlausen wäre nicht nötig, denn im Lager ist es sehr sauber, es gibt dort kein Ungeziefer. Es geschieht ja im Lager und auch bei der Arbeit alles unter deutscher Führung, die natürlich dem russischen Lagerkommandanten verantwortlich ist. Jeder zweite Sonntag ist arbeitsfrei. Die gesundheitliche Betreuung hat ein Arzt, der bei Stalingrad in Gefangenschaft kam. Seitdem der im Lager ist, sind eigentlich keine ernsten Krankheiten mehr vorgekommen. Zum Glück ist Franz immer gesund. Er wird mit allem gut fertig. In Gedanken ist er oft bei Ihnen und den Kindern. Er hat immer wieder neuen Mut und den festen Glauben, bald wieder zu Ihnen heimkommen zu können. Wann das sein wird, kann ich Ihnen nun leider nicht schreiben. Ich weiß nur, daß auch aus der russischen Gefangenschaft laufend Entlassungen sind. Mit mir zusammen sind auch Gesunde entlassen worden, allerdings waren die aus andern Lagern. Ich selber kam weg, weil ich Verletzungen an beiden Füßen hatte und nicht ordentlich gehen konnte.

Ich möchte wohl, daß Sie sich nun ein ungefähres Bild machen können, wie Ihr Mann seine Tage in der Gefangenschaft verbringen muß, und daß Sie seinetwegen beruhigt sind. Und dann wünsche ich, daß er mir recht bald schon schreiben kann, daß er gesund wieder bei Ihnen angekommen ist.

     Mit freundlichem Gruß bin ich

          Ihr Adolf Fretwurst.

❏ *Wonach hat sich die Ehefrau gezielt erkundigt? Warum interessieren sie diese Dinge besonders?*

❏ *Fasse die wesentlichen Informationen über die Kriegsgefangenschaft zusammen.*

1.3 ☐ Borcherts Manifest

Borcherts Manifest ist Teil der Textausgabe (vgl. S. 101–108). Es kann entweder hinführend als Einstimmung auf Borcherts Zeit und seine Schreibweise benutzt werden oder aber als Zusammenfassung am Ende der Reihe.

Bereits die Überschrift macht deutlich, dass Borchert grundsätzliche Erkenntnisse und Einstellungen einer ganzen Gruppe vermitteln will. Der Textauszug eignet sich dementsprechend dazu, etwas über Borcherts prinzipielle Haltung zum Krieg und die daraus abgeleiteten Lebenserfahrungen der Soldaten zu erfahren. Auch auf Konsequenzen für die Literatur geht Borchert ein. Dabei thematisiert er diese explizit und setzt sie gleichzeitig implizit in seinen Ausführungen schon um.

Den Krieg wesentlich bestimmende Faktoren sind gemäß Borchert der Befehlsgehorsam und die Fremdbestimmung. Er zeichnet ein Bild vom Krieg als Gemeinschafts- und Massenereignis. Die Solidarität der Soldaten untereinander beruht weitgehend auf dem gemeinsam erfahrenen Leid. Den Krieg selbst kennzeichnet Borchert als düster, durch Angst, Armut und Hunger, Kanonenhagel und Tod geprägt.

Die Soldaten stellt Borchert als gezeichnete Persönlichkeiten dar, deren ganze Existenz durch den Krieg maßgeblich geprägt wurde. Nach dem Krieg finden sie sich nur schwer zurecht, da sie voller Erinnerungen und Gefühle sind: „Wir sind zu viel Dissonanz". Die Soldaten sind ganzheitlich vom Krieg geprägt, „Herz und Hirn" sind erregt, verrückt, hektisch und hemmungslos (vgl. S. 103). Obwohl sie sich natürlich über das Kriegsende freuen, stellt es sie plötzlich auch vor neue Herausforderungen. Sie sind jetzt auf sich selbst gestellt, verlieren die unmittelbare körperliche und psychische Nähe der Kameraden und müssen für ihren weiteren Lebensweg selbstbestimmt Initiative ergreifen. Dies ist ungewohnt und für die jüngeren Soldaten völlig neu. Trotzdem entwirft Borchert hier im Gegensatz zu seinem Drama ein optimistisches Bild: „Wir wollen in dieser wahn-witzigen Welt noch wieder, immer wieder lieben" (S. 108). Sinn für das neue Leben schöpft er aus der Liebe zu Deutschland (vgl. S. 107).

Für die Sprache schlussfolgert Borchert: „Für Semikolons haben wir keine Zeit" und „Zu guter Grammatik fehlt uns die Geduld" (S. 103). Dies spiegelt sich wider in seinen reihenden, assoziativen, weitgehend ungegliederten Gedankengängen, den abrupten Übergängen und Brüchen. Die knappe, gehetzte Schreibweise und die Wiederholungen lassen die innere Spannung der Generation spürbar werden. Borchert benutzt viele konkrete anschauliche Bilder, viele Vergleiche und Wiederholungen. Dadurch wirkt der Text auf die Lernenden sehr authentisch und emotional. Die direkte Art des Sprechens kommt den Lernenden sehr entgegen, ist sie doch eindeutig und wenig komplex. Ungewohnt ist für sie die zentrale Bedeutung der Farbe Lila. Das Lila, das „keine Zeit für Grammatik" gibt, erinnert an alle Kriegsschrecken, an Kanonen, Helme, Angst, an hungernde und frierende Kinder, an Armut und Hunger und vor allem an die Heere von Toten.

Da der Text vergleichsweise lang ist, bietet es sich an, im Vorfeld die Arbeitsschwerpunkte anzukündigen. So können die Schülerinnen und Schüler bereits beim Lesen zentrale Stellen markieren. Der Text kann auch schon als Hausaufgabe gegeben werden. Auch in diesem Fall muss entweder arbeitsteilig gearbeitet werden oder aber die Lernenden müssen von der Pflicht der genauen Textarbeit und Erläuterung entbunden werden.

❐ *Welchen Eindruck gewinnt ihr vom Schreiber dieses Textes? Schreibt mögliche Eigenschaften (mit Seitenverweisen) auf.*

❐ *Unterstreicht zweifarbig:*   a) *Informationen zum Krieg*
                           b) *Auswirkungen der Kriegserlebnisse für den Soldaten*

❐ *Schreibt stichwortartig möglichst genau heraus, welche Konsequenzen Borchert für die Literatur zieht. Achtet dabei auch auf seine eigene Schreibweise (vgl. bes. S. 103).*

Die Ergebnisse können in folgendem Tafelbild zusammengefasst werden:

Borchert: „Das ist unser Manifest" = Grundsatzerklärung einer Gruppe

Selbstdarstellung der Zeitgenossen:
- heiß, hektisch, erregt
- keine unterdrückten, versteckten Gefühle
- hin und hergerissen zwischen Kriegsschrecken und Freude über Kriegsende
- sentimental leidend, oder verletzend ordinär
- wahrheitsliebend
- patriotisch

„Wir sind zu viel Dissonanz."
⇓
Persönlichkeiten ohne inneres Gleichgewicht

Konsequenzen für Borcherts Schreibweise:
- reihende, ungegliederte, assoziative Gedankenfolge
- überstürztes, unruhiges Sprechen
- elliptischer Satzbau
- abrupte Übergänge, Brüche
- Wiederholungen
- Alltagssprache
- klare, eindeutige Ausdrucksweise
- allgemeingültige Aussagen
- konkrete anschauliche Bilder und Vergleiche

„Für Semikolons haben wir keine Zeit."
⇓
sprachliche Reduktion auf das Wesentliche

⇒ vermittelt authentischen und stark emotional geprägten Eindruck beim Leser

---

Notizen

_____

_____

_____

_____

Struktur des Dramas

2.1 ☐ Vorspiel und Traum: Konstruktion einer Entscheidungssituation

In beiden Szenen geht es um den Umgang mit lebensmüden Kriegsheimkehrern. Dabei wird im Vorspiel eine sehr düstere, pessimistische Atmosphäre verbreitet, und das Gespräch zwischen Gott und Tod verbleibt auf einer allgemeinen thematischen Ebene über Lebensmüde (Beckmann ist nur eine unpersönliche Silhouette am Kai), während im Traum eine etwas hoffnungsvollere und sehr viel persönlichere Atmosphäre herrscht.

Im **Vorspiel** unterhalten sich ein Beerdigungsunternehmer und ein alter Mann, die sich nach ihrer Vorstellung als Gott und Tod entpuppen. Obwohl der Beerdigungsunternehmer B. nur aus der Ferne wahrnimmt, kann er die Erscheinung jedoch angesichts markanter optisch wahrnehmbarer Kennzeichen (Mantel, Bürstenhaarschnitt) eindeutig als Soldat identifizieren und schlussfolgert auch richtig, dass er „einer [ist] von der großen grauen Zahl, die keine Lust mehr haben". Beckmanns Selbstmord kommentiert der Beerdigungsunternehmer emotional unbeteiligt „Ein Mensch stirbt. Und? Nichts weiter" (S. 9). Er vertritt in seiner zynischen Art eine nihilistische Weltauffassung und beobachtet in stoischer Ruhe die wachsende Zahl der Selbstmorde. Er leidet nur insofern darunter, als er sich an den Toten „glatt überfressen" (S. 11) hat und deshalb fortwährend „rülpsen" muss.
Der alte Mann wird als Weinender eingeführt. Er nimmt zwar emotional Anteil und bedauert die Selbstmorde zutiefst, sieht und fühlt sich aber viel zu macht- und kraftlos, um dagegen etwas zu unternehmen. So bleibt er weinender, stiller Beobachter, der sich selbst bemitleidet und den Tod um seine dominante Rolle und seine gesellschaftliche Relevanz beneidet.
Das Vorspiel zeigt somit eine Kommunikation über das Schicksal der unzähligen Hoffnungslosen.

Der **Traum** fokussiert das allgemeine Leid der Kriegsheimkehrer auf das persönliche Leid eines Einzelnen. Das Gespräch findet auch nicht über Beckmann statt, sondern mit ihm. Die Elbe erfragt sein persönliches Schicksal und weist seinen Selbstmordwunsch schroff und eindeutig zurück. Sie schätzt das Leben und stößt Beckmann ins Leben zurück. Sie übernimmt eine Art „Mutterrolle", indem sie ihm zuhört, ihm jedoch auch ganz klare Anweisungen gibt und keinen Widerspruch duldet. Sie ist lebensbejahend, sieht zu viel ungenutztes Potenzial, glaubt, dass Beckmann die Möglichkeiten des Lebens nicht ausgeschöpft habe, deshalb weist sie seinen Selbstmordversuch zurück, obwohl Selbstmorde von ihr nicht prinzipiell abgelehnt werden. Beckmann wird sein Wunsch verweigert, weil eine individuelle Begründung für die Elbe unabdingbare Voraussetzung ist. Den Tod als Massenereignis lehnt sie ab, sodass es ihr nicht reicht, dass B. „sechs Jahre Soldat [war]. Alle waren das. Und die hinken alle irgendwo."(S. 13)
Beckmann soll ein individuelles Leben führen, deshalb wirft ihn die Elbe wieder zurück an den Strand, nimmt jedoch auf sein Bein Rücksicht. Die Elbe ist also durch polternde Gutmütigkeit gekennzeichnet.

Folgende Impulse leiten die Erarbeitungsphase ein:

❐ *Worin unterscheiden sich Vorspiel und Traum?*

❐ *Wie wird von Beckmann gesprochen? Unterstreiche alle Bezeichnungen, die für Beckmann in Vorspiel und Traum verwendet werden. Was machen diese deutlich?*

❐ *Kennzeichne den unterschiedlichen Umgang mit Beckmann? Wodurch erklärt er sich?*

Der folgende Schreibauftrag kann entweder die Ergebnisse sichern oder auch erarbeitend eingesetzt werden. Für den Fall der Erarbeitung wird die zweite Tafelspalte zum Traum erst abschließend ergänzt. Neben den inhaltlichen Maßgaben sollten die Schüler auch versuchen, die schroffe, alltagssprachliche, direkte Redeweise der Elbe zu übernehmen und das „harte, aber herzliche" Beziehungsverhältnis zwischen Elbe und Beckmann abzubilden.

❐ *Die Elbe denkt abends über Beckmann und seinen Selbstmordversuch nach und reflektiert ihre Rolle, ihre Wünsche und Absichten.*

	Vorspiel: Gott und Tod	**Traum: Elbe**
Gesprächs-situation:	Gespräch über einen der unzähligen Lebensmüden Beckmann = einer von vielen	Gespräch mit Beckmann Beckmann = Einzelschicksal mit Namen
	Fokussierung →	
Thema:	Gott: passives Mitleiden Tod: zynisch, nihilistische Einstellung	Elbe: innere Anteilnahme und aktives, helfendes Eingreifen (vgl. S. 13) Verweigerung des Selbstmordes, da Verpflichtung zur individuellen Sinngebung
	← Kontrast →	
Atmosphäre:	Elbe schwappt und Wind stöhnt = eher bedrohlich	eintöniges Klatschen kleiner Wellen = eher friedlich
	Entscheidungssituation	
	Gesellschaft: Tatenlosigkeit Heimkehrer: Selbstaufgabe	Gesellschaft: helfende Anteilnahme Heimkehrer: Lebensversuch

2.2 ❑ Szenenabfolge und Wiederholungen als konstituierende Elemente

Das Stück ist stark geprägt durch seine Wiederholungen, die dem Zuschauer inhaltliche, sprachliche und strukturelle Elemente ständig in Erinnerung bringen. Das hebt die Bedeutung dieser Elemente hervor, auch wenn die Wirkung auf den Zuschauer in den Kritiken und bei den Lernenden sehr unterschiedlich eingeschätzt wird (von „sehr eindringlich" bis „monoton langweilig").

Die Struktur des Dramas kann man nach bestimmten Aspekten gliedern, die nacheinander thematisiert werden können:

– Personenkonstellation und Szenenabfolge
– Spannungsbogen der ersten Begegnungen
– Dreifache Wiederholung der Begegnungen

Personenkonstellation und Szenenabfolge

Die Personenkonstellation kann besonders gut im Kontrast zu eigenen Handlungsentwürfen thematisiert werden (vgl. Baustein 1.1), da die Lernenden wahrscheinlich vielfältige Beziehungen mehrerer Hauptfiguren zueinander konzipieren. Borchert führt jedoch Beckmann als Zentralfigur ein, alle Personen stehen fast ausschließlich zu ihm in einer Beziehung, begegnen sich kaum untereinander. Selbst die Darstellung des Verhältnisses des Ehepaares zueinander (Mädchen und Einbeiniger) bleibt auf die Bedeutung Beckmanns begrenzt.

Dementsprechend ergibt sich für Borcherts Drama ein stark reihender Charakter mit zum Teil assoziativen, losen Verbindungen der Szenen. Gab es keine eigenen Handlungsentwürfe, ist der Bezug zum Titel hilfreich, um dies zu thematisieren. Beckmann steht nacheinander vor verschiedenen Türen und sucht Einlass. Die Türen an sich haben untereinander keine Beziehungen.

❑ *Vergleicht eure Handlungsentwürfe mit dem Originaltext. Was fällt auf?*

❑ *Was fällt in Bezug auf die Struktur des Dramas und in Bezug auf die Personenkonstellation in Borcherts Drama auf?*

❑ *Entwerft ein Schaubild, das die Beziehungen der Personen untereinander kennzeichnet.*

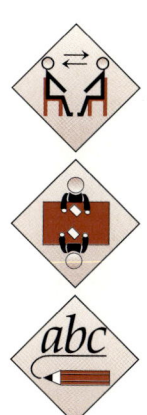

Spannungsbogen der ersten Begegnungen

Die ersten Begegnungen von Beckmann und einer Figur verlaufen jeweils ähnlich. Beckmann hegt Hoffnungen und Erwartungen, nimmt Kontakt zu seinem Gesprächspartner auf und teilt sich ihm zunehmend mit, wird aber letztendlich immer enttäuscht, seine Hoffnungen und Erwartungen zerschlagen sich. Am Ende jeder Begegnung steht er wieder alleine „draußen vor der Tür". Beckmanns Versuche, im Leben neuen Halt zu finden, scheitern damit in allen Lebensbereichen. Seine aktive Suche nach dem vereitelten Selbstmordversuch bleibt damit erfolglos (vgl. Entscheidungssituation Baustein 2.1).

❑ *Was wiederholt sich an jeder Tür, an die Beckmann anklopft? Entwirf einen allgemeinen Spannungsbogen, konkretisiere und belege diesen an einer Begegnung deiner Wahl.*

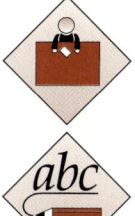

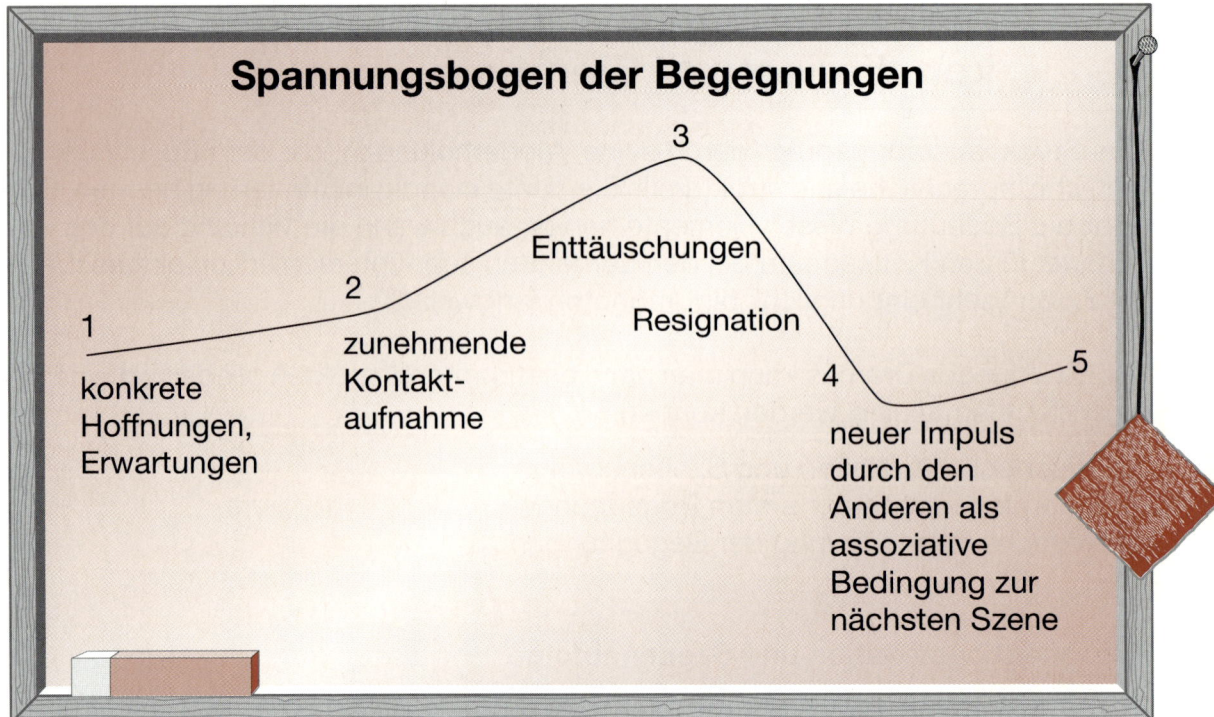

Spannungsbogen der Begegnungen

3

Enttäuschungen

2

Resignation

1

zunehmende
Kontakt-
aufnahme

konkrete
Hoffnungen,
Erwartungen

4

5

neuer Impuls
durch den
Anderen als
assoziative
Bedingung zur
nächsten Szene

Dreifache Wiederholung der Begegnungen

Jede Begegnung Beckmanns mit einer Figur findet im Stück dreimal statt: Das erste Mal beinhaltet die jeweils erste originäre Begegnung. In der 5. Szene stellt Beckmann die Figur noch einmal im Traum zur Rede, wobei er die Erfahrung macht, dass alle an seiner Leiche vorbeigehen (vgl. S. 60ff.). Die dritte Begegnung findet in der Schlussanklage (vgl. S. 71) statt, in der Beckmann die Rolle der Figuren noch einmal abschließend bewertet.

Die Begegnungen werden zunehmend kürzer dargestellt, immer mehr zuungunsten des Informationsgehalts auf das für Beckmann Wesentliche reduziert und bewertend fokussiert. Die Wiederholungen und die Fokussierung haben die Funktion, die Aufmerksamkeit des Lesers/Zuschauers stark zu lenken.

❐ *Jede Begegnung Beckmanns mit den anderen Figuren wird im Drama dreimal thematisiert. Auf welche Weise geschieht dieses?*

❐ *Wie verändert sich die Darstellung jeweils und was wird auf diesem Weg bewirkt?*

Die Ergebnisse können in folgendem Tafelbild zusammengefasst werden:

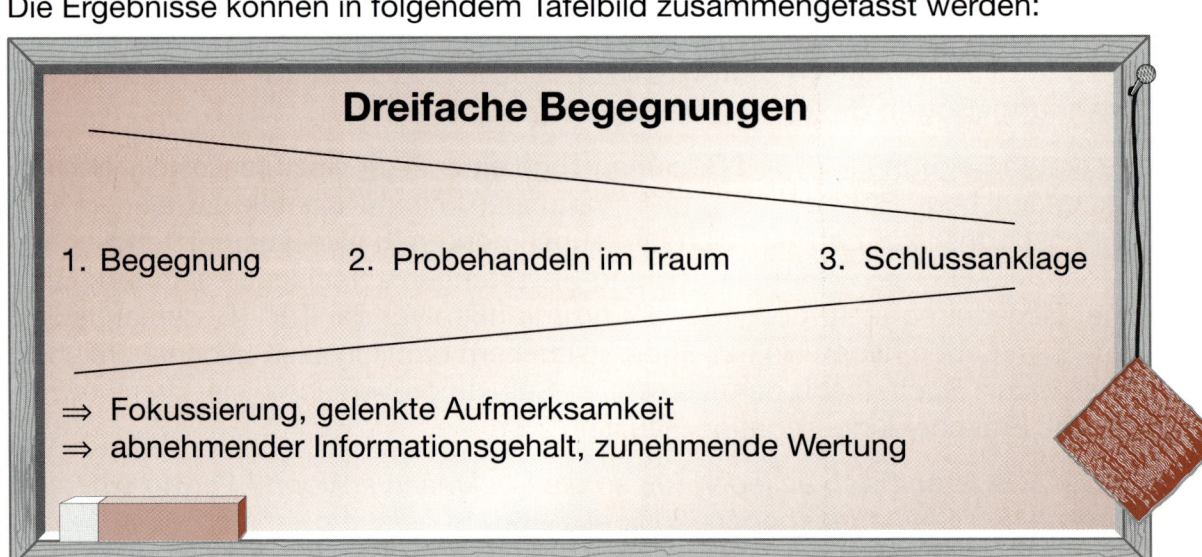

Dreifache Begegnungen

1. Begegnung   2. Probehandeln im Traum   3. Schlussanklage

⇒ Fokussierung, gelenkte Aufmerksamkeit
⇒ abnehmender Informationsgehalt, zunehmende Wertung

2.3 ☐ Auswahl der Begegnung als Konstruktion von Wirklichkeit

Die Auswahl der Begegnungen Beckmanns ist in zweierlei Hinsicht interessant:

1. Wen trifft er?
2. Wen trifft er nicht?

1. Die Menschen, denen Beckmann begegnet, gehören zu unterschiedlichen Lebensbereichen, in denen er versucht, wieder Fuß zu fassen, bzw. in denen er nach einem Sinn für sein zukünftiges Leben sucht. Das Mädchen verkörpert für ihn nach der Enttäuschung mit seiner Frau den Bereich der Liebe und Partnerschaft. Ihr Mann sowie der Oberst zeigen seine Konfrontation mit der Vergangenheit, dem Soldatentum und dem Versuch, dessen zerstörerische Wirkung auf seine Psyche einzudämmen. Die Familie des Oberst zeigt das Verhältnis zu wohlhabenden Zivilisten. Sein Aufsuchen des Kabarettdirektors hingegen dokumentiert seinen Versuch, Halt und Auskommen im Beruf zu finden. Die Begegnung spiegelt zudem den Bereich Kunst und Kultur. Die Eltern und sein Elternhaus verkörpern dagegen für ihn Heimat und familiäre Geborgenheit.
Die Begegnung Beckmanns mit seiner Ehefrau wird nicht dargestellt, sondern nur rückblickend kurz erwähnt, weil der zwischenmenschliche Bereich bereits über das Mädchen abgedeckt ist.

☐ *Warum trifft er gerade diese Figuren? Welche Aspekte in Beckmanns Leben verkörpern sie?*

Die Ergebnisse können in einem Tafelbild gesichert werden:

	Begegnungen:	Lebensbereiche:
1. Szene	Mädchen – Beckmann	Liebe, Partnerschaft
2. Szene	Mädchen, Einbeiniger, Beckmann	Konfrontation mit Vergangenheit
3. Szene	Oberst + Familie – Beckmann	Krieg, Soldatentum, Vergangenheit, Zivilleben
4. Szene	Kabarettdirektor – Beckmann	Arbeit, Beruf, Zukunft, Kunst, Kultur
5. Szene	Frau Kramer – Beckmann	Eltern, Heimat als Ort

2. Es bietet sich als nächster Schritt an, Borcherts „Negativ-Auswahl" der Begegnungen zu thematisieren. Durch den Rückgriff auf das historische Hintergrundwissen (vgl. Baustein 1.2) wird den Schülern deutlich, dass Borchert durch die Auswahl der Begegnungen das Bild der Wirklichkeit, welches er von dem Nachkriegsalltag entwirft, selbst prägt. Während eine Vielzahl der Lernenden nach einer intensiven Vorarbeit dazu neigen, Borcherts Text als gelungen und zeittypisch zu empfinden, und z. T. jegliche kritische Distanz verlieren, ist dieser methodische Schritt dazu geeignet, Borcherts subjektiv gefärbte Darstellung der Wirklichkeit durch seine Entscheidung, welche denkbaren Begegnungen er nicht thematisiert,

sehr konkret nachzuvollziehen. Indem die Lernenden eigene Szenen ergänzen, zeichnen sie selbst fehlende, von Borchert nicht thematisierte Stücke der Zeitwirklichkeit nach.

❏ *Erinnere dich an die Erarbeitung der Nachkriegszeit. Wen hätte Beckmann in dieser Zeit eigentlich auch treffen können?*

❏ *Schreibe eine Begegnung Beckmanns mit einer dieser Personen.*

Die möglichen zusätzlichen Begegnungen können an der Tafel gesammelt bzw. vom Lehrer bei fehlender historischer Vorarbeit vorgegeben werden.

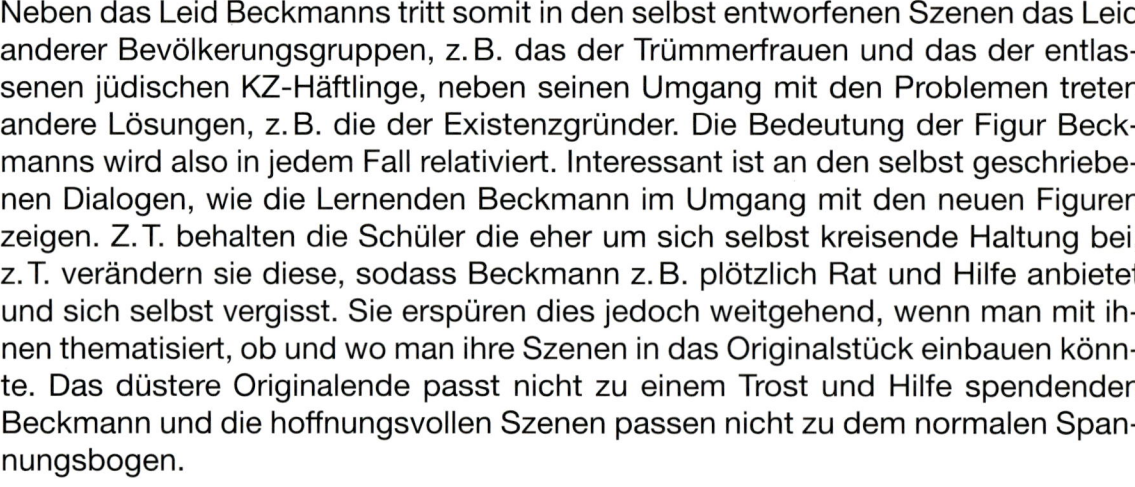

Ausgelassene mögliche zeittypische Begegnungen

- Trümmerfrau
- Existenzgründer, der auf engstem Raum mit mehreren Kindern wohnt und arbeitet
- jüdischer Junge, der aus einem Konzentrationslager entfliehen konnte
- Flüchtlinge, die von den vorrückenden russischen Truppen fliehen mussten
- deutsche Frau mit unehelichem Besatzerkind
- Toter aus Stalingrad
- Widerstandskämpfer

Neben das Leid Beckmanns tritt somit in den selbst entworfenen Szenen das Leid anderer Bevölkerungsgruppen, z. B. das der Trümmerfrauen und das der entlassenen jüdischen KZ-Häftlinge, neben seinen Umgang mit den Problemen treten andere Lösungen, z. B. die der Existenzgründer. Die Bedeutung der Figur Beckmanns wird also in jedem Fall relativiert. Interessant ist an den selbst geschriebenen Dialogen, wie die Lernenden Beckmann im Umgang mit den neuen Figuren zeigen. Z. T. behalten die Schüler die eher um sich selbst kreisende Haltung bei, z. T. verändern sie diese, sodass Beckmann z. B. plötzlich Rat und Hilfe anbietet und sich selbst vergisst. Sie erspüren dies jedoch weitgehend, wenn man mit ihnen thematisiert, ob und wo man ihre Szenen in das Originalstück einbauen könnte. Das düstere Originalende passt nicht zu einem Trost und Hilfe spendenden Beckmann und die hoffnungsvollen Szenen passen nicht zu dem normalen Spannungsbogen.

❏ *Passen die ergänzten Szenen in das Originalstück? Überlegt, ob ihr einen „typischen Beckmann" oder einen „ganz anderen Beckmann" dargestellt habt?*

❏ *Welche Auswirkungen hat diese Entscheidung auf den Spannungsbogen der Szene?*

❏ *Was verändert sie an der Gesamtaussage des Stückes?*

Notizen

_____

_____

Bau-stein 3 *Beckmann*

3.1 ◻ Beckmann und der Andere

Beckmann wird im Personenregister als „einer von denen" vorgestellt und damit als charakteristisch und repräsentativ für die Gruppe der Kriegsheimkehrer hervorgehoben, der Andere findet sich am Ende des Registers in einer Auflistung der ebenfalls auftretenden Figuren. Über ihn erfährt der Leser, dass ihn jeder kennt. Aus dieser Auflistung lässt sich noch nicht die enge Beziehung zwischen Beckmann und dem Anderen erahnen bzw. erkennen, dass sie unmittelbar zusammengehören.

Der Andere erscheint im Verlauf des Dramas als Doppelgängergestalt, die immer bereits darüber informiert ist, was Beckmann in der Begegnung mit Dritten erlebt hat. Sie hat kein Eigenleben. Auffällig ist, dass der Andere immer nur im Dialog mit Beckmann auftritt, nie mit einer anderen Figur direkt in Beziehung tritt. Dementsprechend tritt der Andere nicht in Vorspiel und Traum auf, sondern stellt sich erst mit Beginn der Handlung in der 1. Szene vor. Der Andere erscheint hier als eigenständige Figur, deren Präsenz jedoch zeit- und ortsunabhängig ist, er ist der von „früher, von heute, von morgen", er ist der von Smolensk, der von Gorodok und der von Stalingrad. Er stellt sich jedoch auch personengebunden vor: „Du wirst mich nicht los." (S. 15) Diese enge Verbundenheit zeigt sich auch in dem antagonistischen Wesenszug des Anderen im Vergleich zu Beckmann. Während Beckmann vom Anderen als derjenige beschrieben wird, der weint, der müde ist und der Nein sagt (vgl. S. 15), kennzeichnet er sich selbst als lachenden, optimistischen, aktiven Jasager. (An dieser Stelle ist ein Verweis auf S. 98 des Anhangs möglich. In „dann gibt es nur eins" bewertet Borchert das Neinsagen in der inhaltlich anderen Konnotation als aktive Verweigerungshaltung positiv). Beckmann ist über sein zweites Ego nicht erfreut, grob fährt er ihn an: „Geh weg. Ich will dich nicht. Ich sage Nein. Nein. Nein." (S. 15) Diese ablehnende Haltung Beckmanns ihm gegenüber wird auch vom Anderen nicht aufgebrochen, auch wenn er Beckmann nach einigen gescheiterten Begegnungen in der Phase der Verzweiflung und Resignation auf neue Ideen gebracht hat, welche Türen für ihn noch offen stehen könnten. Beckmann greift diese Impulse zwar auf, sie sind jedoch alle nicht von langfristigem Erfolg gekrönt, da sich alle Türen letztlich vor Beckmann wieder schließen. Übrig bleiben damit für Beckmann vorwiegend Durchhalteparolen, die der Andere ihm ständig vorsagt: „bleib hier" (S. 44) und „hör nicht hin" (S. 50, 51, 52). Diese Appelle, die Beckmann zu einer lebensbejahenden Einstellung bewegen sollen, bleiben in der Regel unbegründet, besitzen keine Substanz und werden von dem Anderen nur ständig wiederholt, ohne dass dieser auf die Einwände Beckmanns inhaltlich näher eingeht.

Der Andere taucht nach der Begegnung mit dem Mädchen (S. 18), mit dem Einbeinigen (S. 23) und mit Frau Kramer (S. 50) auf. In allen Fällen appelliert er an ihn, nicht aufzugeben, und gibt neue handlungsweisende Impulse. Nach der Begegnung mit dem Oberst unterbleibt die innere Zwiesprache Beckmanns mit dem Anderen, da bereits der Kabarettdirektor die nächste Handlungsweiche gestellt hat und der gestohlene Rum die Aufmunterungsfunktion des Anderen übernimmt. Nachdem die letzte Tür hinter Beckmann geschlossen ist, ist dessen Verzweiflung besonders groß. In dieser Situation findet das erste längere Gespräch zwischen Beckmann und dem Anderen statt, in dem es wieder einmal um Beckmanns Alternativen (Leben oder Selbstaufgabe) geht. Beckmann ist verzweifelt über die unzähligen Toten und den Umgang mit ihnen. Der Andere antwortet mit unbegründeten Durchhalteappellen, geht jedoch nicht auf seine Verzweiflung ein. Das befriedigt Beckmann in keiner Weise und er entgegnet: „Hör nicht hin? Ist das deine ganze Antwort?" (S. 52) Der Andere versucht nun argumentativ zu überzeugen, indem er Beckmann mit dem Vergleich von Finsternis und Laternen darauf hinweist, dass das Leben aus schönen und schwierigen Situationen besteht. Er erreicht Beckmann aber nicht, der völlig in seinem subjektiven Leid gefangen ist und nicht auf Laternen und Finsternis reagiert, sondern sich selbst bemitleidet. Es kommt zu keiner Einigung, aber auch zu keinem Streit, da Beckmann sich der Auseinandersetzung durch Einschlafen entzieht. Er ist so müde und in freudiger Erwartung auf den wunderschönen Traum vom Tod, dass er den Appellen des Anderen zum Trotz nicht aktiv lebt, sondern sich passiv und ermüdet dem Schlaf hingibt. Der Andere verfehlt sein Ziel, Beckmann aus seinem Selbstmitleid und seiner Verzweiflung herauszureißen. Er ist eben nur der Andere, während der Neinsager den identitätsstiftenden Namen Beckmann trägt. Die beiden Egos sind nicht gleich stark. Beckmann hält nicht in gleicher Weise am Jasager fest wie dieser am Neinsager. Er beschimpft ihn als „blödsinnigen Jasager", der weggehen soll. In der Schlussanklage bleibt dementsprechend auch Beckmann allein übrig, es findet keine innere Zwiesprache mehr statt, die Verzweiflung verdrängt alle optimistischen Antwortversuche.

❏ *Wie wird der Andere in der 1. Szene vorgestellt? Unterstreiche wichtige Aussagen.*

❏ *Wann tritt der Andere im gesamten Drama auf, wann nicht? Welche Funktion übernimmt der Andere dementsprechend?*

Es findet eine längere Unterhaltung zwischen Beckmann und dem Anderen statt (vgl. S. 50 – 54). Diese soll von den Lernenden durch das Schreiben einer Inhaltsangabe erarbeitet oder alternativ szenisch interpretiert werden.

❏ *Schreibe eine Inhaltsangabe und kennzeichne das Verhältnis der beiden. Suche dafür wichtige Textstellen aus und deute diese.*

❏ *Lest diesen Dialog rollenverteilt. Denkt euch in die Figuren ein. Versucht Gedanken in Form von inneren Monologen an folgenden Stellen für Beckmann und den Anderen zu füllen. (Beckmann: S. 51, Z. 33/ S. 52, Z. 24/ S. 54, Z. 14; der Andere: S. 51, Z. 26, S. 53, Z. 10, S. 54, Z. 24)*

❏ *Spielt den Dialog anschließend mit Stopps und sprecht die Gedanken hinein.*

Die anschließende Auswertung geht auf die Personenkonstellation, den Verlauf des Gespräches und Gesprächsstrategien ein. Die Ergebnisse können entweder im Unterricht durch ein Standbild (Tipps vgl. Textausgabe, S. 131f.) oder durch eine schriftliche Vertiefung gesichert werden.

❏ *Was wollen die beiden erreichen, verfolgen sie eine Gesprächsstrategie? Warum finden Beckmann und der Andere keine Lösung? Wie endet der Dialog?*

❏ *Stellt das grundsätzliche Verhältnis der beiden in einem Standbild dar. Orientiert euch dabei an den Tipps auf der Seite 131 der Textausgabe.*

❏ *Überlege dir, wie die beiden auf der Bühne auftreten sollten (Mimik, Gestik, Kostüme, Aufenthaltsort, Bewegung auf der Bühne). Du bist der Regisseur: Schreibe eine Spiel-Anleitung für den behandelten Dialog.*

3.2 ☐ Opfer oder Täter?

Durch die Struktur des Dramas wird Beckmann dem Zuschauer vorrangig als Opfer präsentiert. Er ist der zu Bemitleidende, der jung in den Krieg geschickt wurde, im Krieg verwundet wurde (Kniescheibe), dessen einjähriger Sohn einem Bombenangriff zum Opfer gefallen ist, der drei Jahre Kriegsgefangenschaft in Sibirien erleiden musste, um schließlich in der Heimat eine Enttäuschung nach der anderen zu erleben. Seine Frau hat einen anderen Partner, das Mädchen flüchtet angesichts ihres zurückkehrenden Mannes, sein Oberst „spendet" eher Spott als Trost im Hinblick auf seine Kriegstraumata, sein Berufswunsch scheitert, seine Eltern sind tot, sein Elternhaus ist auch keine Zufluchtsstätte mehr. Alle Türen, hinter denen er sich eine neue Perspektive erhofft, bleiben letztlich für ihn geschlossen.

Beckmann selbst ist hungrig, verlassen und kraftlos. „Ich bin hundehundemüde." (S. 53) Er fühlt sich verraten, der Krieg sei euphorisch gefeiert, die Jungen aber nicht realistisch vor seinen Schrecken gewarnt worden. Beckmann ist sarkastisch und verbittert, wenn er betont: „Nein, keiner hat uns nach Sibirien geschickt. Wir sind ganz von alleine gegangen. Alle ganz von alleine. Und einige, die sind ganz von alleine dageblieben. Unterm Schnee, unterm Sand." (S. 40) Er klagt die deutsche Nachkriegsgesellschaft an: „Aber wir, wir können nun nirgendwo anfangen." (S. 40)

Seine Verantwortung im Krieg macht ihm zu schaffen. Er kann nicht mehr schlafen, weil unter seinem Kommando 11 Männer den Tod gefunden haben. Er ist sich des Leidens der Angehörigen, welches damit verbunden ist, bewusst und malt es sich konkret aus. „[D]ie Lebenden, die fragen. Die fragen jede Nacht" (S. 33). Er fühlt sich aber vorrangig als Befehlsempfänger, hat die Verantwortung nur als Unteroffizier, nicht als Mensch übernommen, denn er geht davon aus, dass er seinem Oberst die Verantwortung für die Toten einfach zurückgeben könnte und er anschließend seine innere Ruhe wiederfindet. „Aber nun ist der Krieg aus, nun will ich pennen, nun gebe ich Ihnen die Verantwortung zurück, Herr Oberst, ich will sie nicht mehr." (S. 33) Seine Täterrolle will er nicht wahrhaben. Anders ist dies in Bezug auf den Einbeinigen, Frau Kramer und seine Frau. Während Beckmann zuerst ungläubig reagiert, als ihm der Einbeinige einen Mord vorwirft, „Ich habe keinen Mord begangen" (S. 69), akzeptiert er später diese Zuweisung und gibt seiner Verzweiflung Ausdruck, dass man ohne es zu wollen Mörder wird. „Und der Mörder bin ich. Ich?" (S. 71) Dadurch, dass er kurzzeitig den Platz des Einbeinigen eingenommen hat, ist er Ursache für dessen Verzweiflung und fühlt sich für dessen Selbstmord verantwortlich.

Frau Kramer gegenüber fühlt Beckmann, dass er zum Mörder werden könnte. Er ist voller Aggressionen ihr gegenüber, da sie, statt den Tod seiner Eltern zu bedauern, sich nur über das in ihren Augen verschwendete Gas aufregt. Furchtbar drohend warnt er sie, jetzt besser ganz schnell die Tür zuzumachen und abzuschließen, da sie sonst vor ihm nicht sicher sei (vgl. S. 50).

In Bezug auf seine Frau übernimmt er paradoxerweise die Schuld für das Scheitern der Beziehung, obwohl er sich ja nicht anders hätte verhalten können. „Warum bin ich auch drei Jahre in Sibirien geblieben? Sie hat drei Jahre gewartet, das weiß ich, denn sie war immer gut zu mir. Die Schuld habe ich." (S. 67)

Er ist und bleibt ein einsamer, tragischer Außenseiter, der viel ertragen musste, der sich aber nur bedingt seiner eigenen Schuld stellt. In der Auseinandersetzung der

Lernenden mit diesen Themen ergibt sich in der Regel eine Differenzierung zwischen rechtlicher und moralischer Schuld. Beckmann fühlt sich zum Teil schuldig, obwohl er gegen keine gültigen Gesetze verstoßen hat. Maßstab ist in diesem Fall die persönliche Werthaltung. Er fühlt sich vor seinem Gewissen und vor betroffenen Menschen schuldig, glaubt aber diese Schuld zum Teil auf Vorgesetzte abwälzen zu können.

❏ *Entwerft in Partnerarbeit ein Cluster zum Begriff Schuld. Was ist euch wichtig?*

Für die gezielte Texterarbeitung können die relevanten Stellen je nach Grad der Textkenntnis vom Lehrer vorgegeben oder von den Lernenden selbst vorgeschlagen werden.

❏ *Ist Beckmann Täter oder Opfer? Wofür hält er sich selbst? Schlage die folgenden Textstellen nach und mache dir Stichworte (S. 24, 32 – 34, 40, 50, 53, 60, 67, 69 – 70).*

❏ *Wie bewertet ihr seine Haltung?*

❏ *Überlegt, ob man Beckmann vor Gericht stellen sollte. Falls ihr die Frage mit ja beantwortet, schreibt die Anklageschrift. Falls ihr nein für richtig haltet, schreibt eine Begründung für eure Ablehnung.*

Die Lernenden sollen anschließend ihre eigenes Schuldverständnis und das von Beckmann zueinander in Beziehung setzen.

❏ *Schreibt wahlweise einen Dialog zwischen euch und Beckmann oder schreibt ihm einen Brief, in dem ihr konkret auf seine Vorstellung Bezug nehmt und diese kommentiert.*

Eine weiterführende Auseinandersetzung mit dem Schuldbegriff kann durch eine Karikatur angeleitet werden. Diese kann jedoch auch als Einstieg in die Schuld-Thematik verwendet werden (vgl. Arbeitsblatt 11, S. 47).

Schuld

EinFach Deutsch: Unterrichtsmodell: Draußen vor der Tür. © Schöningh Verlag 2005

❏ *Welche Meinung drückt der Karikaturist aus?*

❏ *Stelle einen Bezug zwischen der Begegnung Beckmann – Oberst und der Karikatur her. Lass den Karikaturisten einen Kommentar am Ende der 3. Szene sprechen, in dem er auf das Verhalten Beckmanns und des Oberst eingeht.*

47

3.3 ☐ Beckmanns Brille und ihre Bedeutung

Beckmanns Brille ist ein häufig wiederkehrendes Motiv des Dramas. Beckmann ist nie ohne sie unterwegs, daher ist sie ein wesentliches Kennzeichen dieser Figur. Es handelt sich um eine Gasmaskenbrille; sie ist also auffallend hässlich und er wird ständig auf sie angesprochen (vgl. S. 19).

Für Beckmann ist die Brille mehr als nur ein Gebrauchsgegenstand. Er ist völlig von ihr abhängig, da er stark kurzsichtig ist und ohne sie nur verschwommen sieht. Sie ist eindeutig ein „Relikt" aus dem Krieg, mit deren Hilfe er auch unter der Gasmaske den „Feind erkennen und schlagen" (S. 38) sollte. Sie kennzeichnet ihn, zusätzlich zu seiner Frisur und seiner Kleidung, als Kriegsheimkehrer und nötigt dadurch die Menschen, sich in der Begegnung mit ihm auch mit Kriegsgefangenschaft und Kriegserleben auseinander zu setzen, obwohl in Deutschland das Zivilleben wieder begonnen hat und die meisten froh sind, den Krieg vergessen bzw. verdrängen zu können. Die Mutter des Oberst ist angesichts der Brille „voll Grauen: Vater, sag ihm doch, er soll die Brille abnehmen. Mich friert, wenn ich das sehe." (S. 26) Die Brille ist somit zum einen Zeichen für Krieg und Vergangenheit, zum anderen Zeichen für Armut, Hässlichkeit und Trostlosigkeit in der Gegenwart. Die gesellschaftliche Ablehnung geht bei Frau Kramer so weit, dass sie Beckmann indirekt sogar auffordert ohne Brille auszugehen: „Ne, aber aufsetzen würde ich sowas nicht. Dann lieber zu Hause bleiben." (S. 49)
Beckmann hat den entlarvenden, distanzierten Blick des Kriegsheimkehrers auf das beginnende Zivilleben, mit der Brille ist er scharfsichtig und deshalb unerwünscht (vgl. S. 26).
Er leidet selbst unter dieser Außenseiterrolle, kommt sich „behelfsmäßig und repariert vor" (S. 38) als „Gespenst von gestern, das heute keiner mehr sehen will" (S. 20); deshalb wünscht er sich sehnlichst eine neue Brille, denn er pflichtet dem Kabarettdirektor zu, dass Stimmungen ganz wesentlich von der jeweiligen Brille mitbestimmt werden (vgl. S. 38). Er wünscht sich eine neue Brille, wünscht sich Akzeptanz und neue Zukunftshoffnung. Er kann seine alte Brille jedoch nicht einfach weggeben, denn ohne sie ist er optisch und seelisch ohne Halt. „Ich bin glücklich, dass ich wenigstens diese habe. Das ist meine Rettung. Es gibt doch sonst keine Rettung – keine Brillen, meine ich." (S. 38) Bisher gibt ihm nur die Vergangenheit Halt und Orientierung, denn außer Krieg hat er noch nichts gemacht (vgl. S. 40). Zudem schützt die Brille Beckmann vor seinen schrecklichen Erinnerungen und Fantasien. Er will z. B. seine Brille aufsetzen, damit sein Gefühl und sein Bild vom Einbeinigen endlich verschwinden, denn er hält seine Wahrnehmungen zunächst für Einbildung. „Gib mir die Brille, ich will ihn nicht mehr sehen!"(S. 23)
Beckmann hegt also sehr ambivalente Gefühle seiner Brille gegenüber. Sie ist ihm verhasst und er wünscht sich dringend eine neue. Da dies für ihn jedoch unerreichbar ist, ist er auf sie unbedingt angewiesen.
Vor der Textanalyse können die Fotos (vgl. S. 88 – 94) von den Lernenden betrachtet und in ihrer Wirkung reflektiert werden.

☐ *Betrachte die Fotos auf den Seiten 88 – 94. Wie wirkt Beckmann mit seiner Brille auf euch?*

Die Textanalyse wird schrittweise von der Kennzeichnung zur Deutung der Brille angeleitet.

☐ *Schlage die folgenden Stellen nach und notiere dir stichwortartig deine Ergebnisse zu Beckmanns Brille: S. 19/20, 23, 26, 38, 49*

☐ *Versuche eine Deutung dieses zentralen Gegenstandes.*

Eine Zwischensicherung kann über das folgende Tafelbild erfolgen.

Beckmanns Brille

Beschreibung

- Gasmaskenbrille, seit 1934 für Soldaten da, um Feind erkennen und schlagen zu können
- macht Uniformgesicht und Robotergesicht, hässlich (S. 19, 20)
- flößt Angst ein (S. 49)
- ohne sie ist Beckmann hilflos (stark kurzsichtig) (S. 20)
- Stimmungen sind stark von der Brille abhängig (S. 38)
- auch innerliche Brille (S. 20)
- wünscht sich neue Brille (S. 38)
- sieht Einbeinigen ohne Brille, hofft auf Fantasiegespinst, das sich durch Brille verscheuchen lässt (S. 23)

Deutung

- gesellschaftlich negativ besetzt = Ablehnung und Unwille, sich mit hässlichem Kriegsleben auseinander zu setzen
- ermöglicht schonungslose, entlarvende Sicht des Kriegsheimkehrers auf Zivilleben
- verdeutlicht Beckmanns Verankerung im Krieg
- verhindert Ablegen der Außenseiterrolle

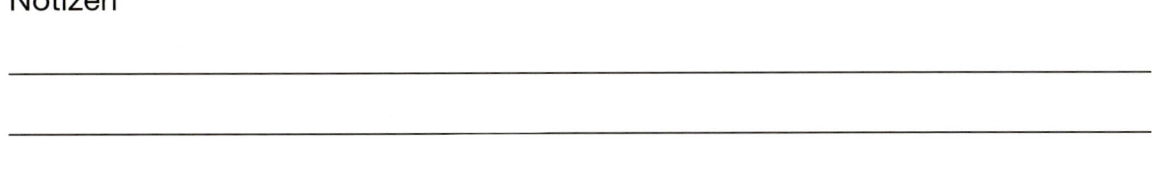 ❏ *Schreibe anschließend eine Biografie der Brille in der Ich-Perspektive, die ihre vielschichtige Bedeutung für ihren Besitzer Beckmann und seine Gefühle ihr gegenüber verdeutlicht. Berücksichtige dabei auch die Reaktionen der Gesellschaft.*

Nach dem Vortragen mehrerer „Biografien" können wesentliche Aspekte noch einmal zusammenfassend benannt und die schriftlichen Ausarbeitungen anhand der Zusammenfassung in ihrer Qualität und Vollständigkeit beurteilt werden:

 ❏ *Welche Gefühle Beckmanns zu seiner Brille haben die Vortragenden deutlich gemacht? Sind sich alle einig? Sind die Gefühle negativ und/oder positiv?*

❏ *Muss die Brille Angst haben, von Beckmann gegen eine neue ausgetauscht zu werden?*

 ❏ *Welche Reaktionen löst die Brille in der Gesellschaft aus?*

❏ *Was sieht die Brille gut, welche Sichtweise gelingt mit ihr nicht?*

Notizen

_____

_____

_____

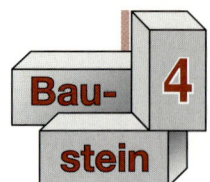

Begegnungen

4.1 ❒ Das Mädchen und der Einbeinige

Das Mädchen ist der erste Mensch, dem Beckmann nach seinem Selbstmordversuch begegnet. Während er noch nass am Elbeufer liegt, geht sie dort spazieren und wird auf den dunklen Haufen (vgl. S. 17) aufmerksam. Sie befürchtet, es handle sich um eine der vielen Wasserleichen, und ist ganz erleichtert, als sich herausstellt, dass Beckmann lebt. Sie ergreift die Initiative und fordert ihn auf, aufzustehen und mit ihr zu kommen. Er leistet ihr Folge und es entwickelt sich im Verlauf der Unterhaltung zunehmend mehr Vertrauen und gedanklicher Austausch zwischen den beiden.

Dabei ist sie weitgehend der dominierende, appellativ wirkende Gesprächspartner, von ihr gehen Initiative und Aktivität aus und sie entwickelt ansatzweise eine Zukunftsperspektive. Beckmann ist eher passiv, reagiert weitgehend, ist mehr in der Vergangenheit gefangen. Diese Gesprächshaltungen basieren auf unterschiedlichen Gesprächsmotiven. Das Mädchen ist einsam. Sie hat seit drei Jahren nichts mehr von ihrem Mann gehört, der in Stalingrad verschollen ist, und sehnt sich nach menschlicher Nähe und einem Menschen, um den sie sich kümmern kann. Beckmann ist verzweifelt und hoffnungslos, nachdem er bei seiner Rückkehr seine Frau mit einem fremden Mann vorgefunden hat, und ist in seinem Selbstmitleid und in seinen Kriegserinnerungen gefangen.

Das Gespräch (S. 17 – 23) ist im Wesentlichen zweigeteilt. Die erste Gesprächsphase ist gekennzeichnet durch die zunehmende Vertrautheit und die weitgehend harmonische Atmosphäre. Das Siezen wird zum Duzen, das Mädchen entwickelt Kosenamen für den Mann („armes Gespenst" und „Fisch") und beschwört zunehmend die Zusammengehörigkeit. „Wie zwei uralte steinaltenasskalte Fische" (S. 18) gehen sie gemeinsam. Und während er weiterhin von sich und seinen Gefühlen redet, spricht sie von einem gemeinsamen Schicksal: „Morgen liegen wir vielleicht schon weiß und dick im Wasser. Mausestill und kalt. Aber heute sind wir doch noch warm." (S. 22)

Diese Harmonie endet abrupt, als Beckmann deutlich wird, dass die trockenen Sachen, die das Mädchen ihm reicht, ihrem in Stalingrad verschollenen Mann gehören (vgl. S. 21, Z. 1). Erinnerungen an Stalingrad werden in ihm wach und es ist ihm unerträglich, mit der Kleidung in die Rolle eines verschollenen Kameraden zu schlüpfen. „Ich komme um in dieser Jacke" (S. 21, Z. 21), so beklagt er sich und fühlt sich als „Witz, den der Krieg gemacht hat". Sie reagiert warmherzig, aber auch zunehmend verzweifelt, als sie merkt, dass sie ihm nicht helfen kann. Sie wünscht sich, dass er die Jacke anbehalte, sagt ihm, dass er ihr darin gefalle. Sie ist emotional stark erregt und fordert ihn in vielfachen Wiederholungen fast flehentlich an, er möge etwas sagen, weil es „doch so entsetzlich still in der Welt" sei und man im Gespräch „nicht so allein" sei. Die Stille ist für sie bereits körperlich fühlbar (Synästhesie). Er bleibt wortkarg, reagiert verwirrt, gesteht seine Angst ein und sein Gefühl, dass er, wenn auch ohne Brille nur verschwommen, hinter ihrem Rücken einen „Riesen mit nur einem Bein" sehe (vgl. Baustein 3.3). Sie schreit daraufhin auf und stürzt davon. Die Begegnung endet also abrupt durch das Auftreten des Einbeinigen. Beckmann erfährt erst im Traum, welche Konsequenzen diese Begegnung gehabt hat. Der Einbeinige begeht Selbstmord, das Mädchen sucht weiterhin nach Beckmann.

❏ *Lies die S. 17 – 23. Was erfährst du über das Mädchen? Welche Absicht hat es? Wie reagiert Beckmann?*

❏ *Das Mädchen will Beckmann helfen, weil es einsam ist. Belege diese Deutungshypothese inhaltlich und sprachlich am Text. Suche dazu Textstellen aus und erläutere sie.*

Die Ergebnisse können in einem Tafelbild gesichert werden:

Das Mädchen ist einsam und will Beckmann deshalb helfen

inhaltliche Hinweise	sprachliche Auffälligkeiten
• geht am Ufer trotz Kenntnis von häufigen Selbstmorden spazieren • geht auf dunklen Haufen zu und spricht ihn an • freut sich darüber, dass er lebt • fühlt wachsende Zuneigung • bietet Aufnahme und trockene Kleidung an • geht vom Tod ihres verschollenen Mannes aus • leidet unter der Stille der Welt • sorgt sich um ihn • beschwört Gemeinsamkeiten	• direkte Ansprache, ungeduldig: „steh endlich auf" • viele Appelle, gesprächsdominant • Interjektion: „Gott sei Dank" • Siezen wird zu Duzen, viele Fragen an ihn • Aufzählen nur negativer Schicksalsvarianten • Selbstkorrektur: „war mein Mann" • großer Redeanteil, aufgeregt, viele Wiederholungen, fühlbare Stille (Synästhesie) • Personalpronomen „wir"

Für eine produktionsorientierte Erarbeitungsphase bieten sich alternativ folgende Schreibaufträge an:

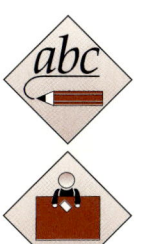

❏ *Das Mädchen reflektiert am Abend ihre Begegnung mit Beckmann. Sie denkt dabei an die Rolle des Krieges für Beckmann, sich selbst und ihren Mann, sucht nach Gründen für ihr spontanes Weglaufen und überlegt sich, wie es jetzt für alle weitergehen soll und kann. Schreibe einen inneren Monolog.*

❏ *Später kehrt das Mädchen zurück. Schreibe einen Dialog zwischen ihr und ihrem Mann.*

Der Schreibauftrag sollte auf die vergleichbare Situation der beiden Heimkehrer eingehen, auf den Schock, den die unerwartete Rückkehr des Mannes für das Mädchen bedeuten muss, da sie gerade in dem Moment erfolgt, als sie Gemeinsamkeiten mit und Nähe zu Beckmann spürt. Bei der Darstellung des Einbeinigen ist darauf zu achten, dass er nicht zu hoffnungsvoll dargestellt wird, obwohl er endlich zu Hause ist und Beckmann ihm nach einer kurzen Erläuterung das Feld überlässt, da er sich letztendlich aufgrund dieser Begegnung das Leben nimmt. Das Mädchen sucht Beckmann in seinem Traum, nicht ihren Mann.

4.2 ☐ Oberst

Die 3. Szene stellt Beckmanns Verzweiflung und Seelennot in den Vordergrund, da die Erzählung seines Alptraumes und die Reaktionen, die dieser hervorruft, den größten Teil der Begegnung einnehmen. Besonders auffallend und zumindest anfänglich irritierend für den Zuschauer ist der starke Kontrast zwischen Beckmanns Verzweiflung und dem Lachen des Oberst als Reaktion. Einzigartig ist auch die Einbettung der Begegnung Beckmann – Oberst in den Familienkreis des Oberst. Es bieten sich somit mehrere Schwerpunkte für die Behandlung im Unterricht an:

1. Kennzeichnung von Beckmanns Position und seinem Anliegen und die Analyse seines Alptraums als Ausdruck seiner Verzweiflung

2. Versuch, die Frage zu beantworten, warum Beckmanns Hoffnungen und Erwartungen enttäuscht werden und der Oberst den Traum „nur als Witz" begreifen kann, warum Beckmann dessen Angebot (Bad und Anzug) ausschlägt und stattdessen Rum und Brot stiehlt

3. Frage, welcher Effekt durch die Einbettung in die Familienszenerie erzielt wird

Zu 1.

Beckmann leidet unter seinen Kriegserlebnissen, sie bescheren ihm täglich schlaflose Nächte, da er einen ständig wiederkehrenden Alptraum hat. Insofern ist er von der Idee des Anderen sehr angetan, zum Oberst zu gehen, um ihm die Verantwortung zurückzugeben. Beckmann formuliert seinen Wunsch nach innerer Ruhe und Seelenfrieden und die immense Bedeutung, die dieser Wunsch für ihn hat, so: „Ich wollte nur feststellen, ob ich mich heute Nacht ersaufe oder am Leben bleibe. Und wenn ich am Leben bleibe, dann weiß ich noch nicht, wie." (S. 25) Nach einem eher allgemeinen Gespräch über Beckmanns Äußeres und davon ausgehend über seine Erfahrungen in Stalingrad und die Frage nach der Wahrheit kommt Beckmann erst auf sein Anliegen zu sprechen, als er vor Hunger und Erschöpfung fast im Stehen einschläft und in eine Art tranceähnlichen Zustand verfällt (vgl. S. 28).

Er schildert daraufhin seinen Alptraum in allen Einzelheiten, wobei er sich vielfach wiederholt und sich der Aufmerksamkeit des Oberst mehrfach versichert, indem er ihn direkt anspricht und ihm Fragen stellt. Die abschreckende, Grauen erregende Wirkung des Traums auf den Zuschauer basiert zum einen auf inhaltlich schauerlichen Aspekten, zum Teil wird sie durch die sprachliche Gestaltung der Alptraumerzählung unterstützt. Der General wird als fett und Blut schwitzend beschrieben; erst durch das dampfende, dunkle Blut (eine der häufigen Alliterationen) wird er zum General (Hosenstreifen), erst durch seine Armamputationen und seine Prothesen, die an Handgranatenstiele erinnern (Vergleich), wird er handlungsfähig. Er spielt damit paradoxerweise Märsche, die die Kriegslust bejubeln, auf den Knochen der Toten. Der Marsch „Der Einzug der Gladiatoren", den er auf dem Knochenxylophon spielt, dessen einzelne Knochenbestandteile in einer Akkumulation dem Leser einzeln und konkret vor Augen aufgelistet werden (vgl. S. 29–30), ruft ein Heer von stinkenden und stöhnenden Toten aus den Massengräbern. Die Toten werden wie eine schreckliche Naturkatastrophe beschrieben, sie tauchen aus Ozeanen und Wäldern auf, treten als „furchtbare Flut" über die Ufer und wälzen sich als „Meer der Toten ..." „breit, breiig, bresthaft und blutig über die Welt" (S. 31). Sie werden mit Nachdruck elendig und abschreckend durch eine Akkumulation in allen Details beschrieben: „einäugig, zahnlos, einarmig, beinlos, mit zerfetzten Gedärmen, ohne Schädeldecken, ohne Hände, durchlöchert, stinkend, blind" (S. 31). Die Toten verweigern Beckmann und dem General den militärischen Gehorsam und klagen stattdessen laut brüllend Beckmann in Sprechchören an. Das Brüllen bekommt ein Eigenleben, es wird personifiziert, wächst und rollt und droht den Mann zu ersticken, der dann schreiend aufwacht. Beckmann scheint sich seiner ausufernden Erzählweise bewusst zu sein, denn er fasst selbst zweimal seine Aussagen kurz und bündig zusammen, (vgl. S. 30, Z. 12–14 und S. 32, Z. 15–17). Er beendet seine Alptraumerzerzählung mit dem Fazit und der Wiederholung seines Anliegens: „Jede Nacht das Konzert auf dem Knochenxylophon, und jede Nacht die Sprechchöre, und jede Nacht der furchtbare Schrei. Und dann kann ich nicht wieder einschlafen, [...] und deswegen komme ich zu Ihnen, Herr Oberst, denn ich will endlich mal wieder schlafen" (S. 32).

Als Eingangsimpulse dienen folgende Fragen:

❐ *Was irritiert an der 3. Szene, was ist wie immer?*

❐ *Was erhofft sich Beckmann vom Oberst?*

❐ *Beckmanns Alptraum ist Ausdruck seiner inneren Verfassung. Wodurch wird der Traum (inhaltlich und sprachlich) zum Alptraum? Unterstreiche zweifarbig. Was macht er über Beckmann deutlich?*

Die Ergebnisse können folgendermaßen gesichert werden.

Was macht Beckmanns Traum zum Alptraum?

inhaltliche Aspekte	auffällige sprachliche Gestaltung
• General durch Blut und Armverstümmelungen gekennzeichnet • kriegsverherrlichende Märsche, auf einem Knochenxylophon der Opfer gespielt • Machtdemonstration und persönliche Anklage der unzähligen Opfer	• sprachlich eindringlich durch viele Alliterationen, Vergleich der Prothesen mit Waffen • Akkumulation der verwendeten Knochen = Konkretisierungen der vielen Opfer • konkrete Benennung der Märsche • Naturkatastrophe als Metapher für Tote (furchtbare Flut, Meer der Toten), • Akkumulation der Leiden der Toten (Z. 21–23) • Personifikation des Gebrülls (S. 32) = Eigenmacht • viele Wiederholungen • insgesamt visionär, expressionistisch

Sollen die sprachliche Funktion und die Bedeutungen der Wiederholungen und der Konkretisierungen noch einmal in den Vordergrund gestellt werden, bietet sich das Verfahren der radikalen Kürzung an.

❐ *Schreibe den Monolog Beckmanns auf den Seiten 33–34 so kurz wie möglich neu. Achte jedoch darauf, dass du den Informationsgehalt nicht veränderst.*

❐ *Was verändert sich durch die Kürzung?*

Lösungsvorschlag: Ich nehme die Übertragung der Verantwortung ernst. Mich quälen nachts die Fragen der Angehörigen nach ihren Toten und rauben mir den Schlaf.

Sie (Oberst) leiden nicht unter der Verantwortung für viel mehr Tote, bitte nehmen Sie mir die Verantwortung wieder ab.

zu 2.
Die Reaktion des Oberst zeigt, dass es Beckmann nicht gelungen ist, eine persönliche Betroffenheit bei ihm herzustellen. Beckmann sucht Verständnis und Anteilnahme für seine Ängste, sucht Trost, sucht Entlastung für seine Schuldgefühle. Die findet er beim Oberst nicht.

Der Oberst ist ganz Oberst, er trägt keinen Namen. Er ist ein „liebe(r) gute(r), brave(r) Mann, der sein ganzes Leben nur seine Pflicht getan" (S. 25) hat. In gewisser Weise ist er Kontrastfigur zu Beckmann. Er ist wohlhabend und hat Familie, er leidet nicht unter seinen Kriegserlebnissen, er kommt im Zivilleben zurecht. Er ist aber auch ein interessierter Zuhörer, der Beckmann nicht abweist, sondern sich seines Problems als Vorgesetzter annimmt. Er lässt ihn erzählen, obwohl seine Familie mehrfach Bedenken gegen Beckmann äußert.

Trotzdem kann er ihm nicht helfen. Er hat ein ganz anderes Verständnis von Krieg und Soldatentum als Beckmann. Während Beckmann sich nicht als Soldat fühlt (vgl. S. 25), geht der Oberst davon aus, dass das Militär Identifikation schafft und mit „männlichem" Handeln einhergeht. Beckmanns Problem erklärt er sich deshalb mit seinem „zu weichen, leisen Charakter" und dessen „Fehler", kein Offizier geworden zu sein. Er erkennt richtig, dass Beckmann unter dem Krieg leidet, wobei er selbst den Krieg stark relativiert. Er spricht von dem „bisschen Krieg" (S. 28), kommentiert sachlich pragmatisch die Farbe des Mondes, ohne auf Beckmanns Alptraum einzugehen, und reagiert eher ungläubig auf Beckmanns Anliegen, ihm die Verantwortung zurückzugeben: „Aber mein lieber Beckmann, Sie erregen sich unnötig. So war das doch gar nicht gemeint." (S. 33) Beckmanns Not ist „unnötig" für den Oberst, der sich selbst nicht mit Schuld und Verantwortung auseinander setzt, auch nicht, als Beckmann ihn ganz gezielt auf „seine" Toten anspricht. Der Oberst lässt sich und seine Militär- und Berufsauffassung nicht durch Beckmann in Frage stellen. Beckmanns Alptraum berührt ihn nicht persönlich, er zieht keinerlei Vergleich zwischen dem General des Alptraums und seiner Rolle als Oberst im Krieg. Dementsprechend kann er Beckmanns Erzählung nur als Witz begreifen, alles andere ist für ihn undenkbar.

Der Oberst wird nicht überzeichnet dargestellt, er ist freundlich und jovial. Am Ende bietet er Beckmann sein Bad und einen Anzug von ihm an, damit er endlich wieder Mensch wird (vgl. S. 35). Dies ist für ihn Ausdruck von Freundlichkeit und alter Kameradschaft. Beckmann kann es jedoch nur als Hohn empfinden, dass ausgerechnet er, der menschlich leidet, aufgefordert wird, ein Mensch zu werden. Für Beckmann ist dieses Angebot eine Missachtung seiner Seelenlage.

Für eine Analyse der Figur des Oberst und einen Vergleich mit Beckmann ist die Textmenge sehr groß. Deshalb kann entweder arbeitsteilig gearbeitet werden oder es können gezielte Anweisungen (vgl. Hilfestellung in Klammern) vorgegeben werden.

□ *Der Oberst reagiert anders als von Beckmann erhofft. Warum kann er Beckmann nicht helfen, obwohl er freundlich und interessiert ist? (Vergleiche Beckmann und den Oberst in Bezug auf ihr Bild vom Soldaten und vom Krieg, ihre Charaktere und ihre angenommenen Gründe für Beckmanns Seelenlage).*

Die Ergebnisse können in einem Tafelbild gesichert werden.

Vergleich Oberst – Beckmann

	Beckmann	Oberst
Soldat-sein	zeitweiliger Beruf	Soldatentum schafft Identität und geht mit bestimmten Charaktereigenschaften einher (männliche Stärke)
Kriegs-erlebnisse	verursachen immer noch Schrecken und Leiden	werden relativiert: „das bisschen Krieg", keine emotionale Beteiligung
Schuldfrage	B. setzt sich mit Schuld und Verantwortung auseinander, will Schuld auf Vorgesetzten abwälzen	Frage nach Schuld und Verantwortung wird nicht gestellt, nur Pflicht getan
Finanzen	arm	wohlhabend
Familienstand	ohne Familie, einsam	Familie (Frau, Tochter, Schwiegersohn)
Lebenssituation	Kriegsheimkehrer	Zivilleben
angenommener Grund von Beckmanns Misere	Krieg, Verantwortungsfrage, = andere tragen die Schuld	schwacher persönlicher Charakter und Fehlentscheidung bezüglich der militärischen Laufbahn = Beckmann ist selbst verantwortlich

Denkbar ist es auch, Charakterzüge vorzugeben, die von den Lernenden „nur" überprüft und gewichtet werden müssen (s.u.).

❏ *Der Oberst ist feige – ironisch – selbstbewusst – arrogant – vorsichtig – reuig – selbstgerecht. Er beschönigt die Wahrheit – macht Beckmann lächerlich – hat ein anderes Soldaten- und Kriegsverständnis als Beckmann – geht zum Gegenangriff über.*

❏ *Überprüfe die Vorgaben. Wähle für jeden Satz jeweils die zwei wichtigsten aus, suche passende Textbelege heraus und erläutere sie.*

❏ *Schreibe eine Analogieszene für die heutige Zeit. Überlege hierfür eine ähnliche Personenkonstellation und ein vergleichbares Anliegen.*

Die weiterführende Schreibaufgabe ist vergleichsweise schwierig. Denkbar sind Analogien mit den Mauerschützenprozessen an der innerdeutschen Grenze nach 1989 oder eine Auseinandersetzung mit Foltervorwürfen in den irakischen Gefängnissen durch amerikanische Soldaten im Irak-Krieg 2004.

zu 3.
Die Familiensituation verdeutlicht die heile Luxuswelt, in der die Familie gesund und im Überfluss lebt. Dies steht im starken Kontrast sowohl zu der Armut weiter Teile der Bevölkerung als auch im Kontrast zur brutalen Kriegsrealität der Vergan-

genheit. So kann sich die Frau des Oberst nicht erklären, warum Beckmann das Brot gestohlen hat, und fragt: „Ja, was will er denn mit dem Brot?" (S. 35). Sie ist selbst nach der Erläuterung ihrer Tochter ungläubig: „Ja aber – aber das trockene Brot?" (S. 36). Sie hat augenscheinlich keinerlei Vorstellung von dem Ausmaß und der Intensität der Not.

❏ *Wie wird die Familie des Oberst dargestellt?*

❏ *Was würde sich verändern, wenn man die Familie in der Szene wegließe? Überlege, welche Funktion sie erfüllt?*

Funktion und Bedeutung der Familie als Rahmen der Begegnung

Kontrast zwischen der heilen Luxuswelt und
– der brutalen Kriegsrealität der Vergangenheit
– der Armut des Großteils des Bevölkerung

4.3 ❏ Kabarettdirektor

Vom Kabarettdirektor erhofft sich Beckmann Arbeit und damit ein Einkommen, um seinen Hunger zu bekämpfen. Er geht auf Anraten des Oberst, der seinen Alptraum nur als bühnenreifen Witz verstanden hat, dorthin. Er geht sogar ohne ein vorheriges Zwiegespräch mit dem Anderen, denn dessen Funktionen, Impuls geben und Mut machen, haben der Oberst und eine geraubte Flasche Rum bereits erfüllt. Beim Kabarettdirektor erzielt er jetzt jedoch die ursprünglich intendierte Wirkung: „das nass-kalte Grauen vor diesem Gespenst aus der Unterwelt" kommt hoch (S. 39). „Den Leuten bleibt das Lachen in der Kehle stecken." Er wird abgelehnt.

Um die erste Wirkung, die von Borcherts Text ausgeht, einzufangen, bietet es sich an, die Lernenden vor einer genauen Textanalyse folgende Satzanfänge fortführen zu lassen. Anhand der Fortführung kann man einschätzen, ob die Schüler „nur" die vorgeschobenen Gründe für Beckmanns Ablehnung oder bereits die sich dahinter verbergenden konträren Einschätzungen der Aufgaben des Theaters erfassen.

❏ *Führe die folgenden Sätze zu Ende:*
– *Beckmanns Versuch, Arbeit zu finden, scheitert, weil ...*
– *Der Kabarettdirektor ist ein Beispiel für ...*
– *Die Gesellschaft wird ... dargestellt.*
– *Das Theater hat die Aufgabe ...*

Beckmann geht unvorbereitet, mehr oder weniger spontan und leicht angetrunken ohne jegliche beruflichen Vorerfahrungen in diesem Bereich zum Kabarett. Trotzdem empfindet der Zuschauer bzw. der Leser Beckmann nicht als „naiven Volltrottel", sondern wiederum eher als Opfer und Leidtragenden. Borchert lässt Beckmann in seinem Bemühen sympathisch erscheinen und weckt Mitleid für die verratene Generation, die Ideale und Jugend an den Krieg verloren hat (vgl. auch S. 65) und für deren Schicksal sich niemand verantwortlich fühlt. Der von Beckmann formulierte Kontrast gesellschaftlicher Erwartungen zeigt die von ihm empfundene Absurdität. Für erfolgreiche, bekannte Menschen stehen Türen offen, für ihn aber gibt es in dieser Gesellschaft keine Chance.

Er ist dem einen zu laut, dem anderen zu leise, seine Alpträume kennzeichnen angeblich seine Inhumanität (vgl. S. 44).

❑ *Warum empfindet der Zuschauer Beckmann eher als Opfer denn als „naiven Volltrottel", obwohl er betrunken ohne Vorerfahrung auf Arbeitssuche geht?*

Der Direktor weist eine Mit-Verantwortung Beckmanns Schicksal weit von sich: „Ich habe schließlich keinen nach Sibirien geschickt. Ich nicht." (S. 40) Er zeigt wenig Feingefühl im Umgang mit Beckmann, gibt sich herablassend und unwissend, ist arrogant und überheblich bis selbstherrlich. Die seltsame Zusammenstellung von vorbildhaft genannten Namen wie Goethe, Mozart, Jungfrau von Orleans, Wagner, Schmeling, Shirley Temple ist ebenso Ausdruck seiner Ungebildetheit wie seines Marktverständnisses. Der Begriff des Opportunisten wird hier für die Lernenden mit Leben gefüllt. Obwohl seine Beschreibung einer unsentimentalen, wirklichkeitsnahen und angreifenden Jugend, die „nichts Vollendetes, Reifes, Abgeklärtes" verkörpert (vgl. S. 37), auf Beckmann in weiten Teilen zutrifft, wird sie im weiteren Verlauf des Gespräches weitgehend zurückgenommen und Beckmann mit der vordergründigen Behauptung abgelehnt, er sei noch nicht genug gereift, er sei zu deutlich, zu direkt und zu nahe an der Wahrheit (vgl. S. 42–43). Er sei nicht positiv genug.

❑ *Unterstreiche, was der Direktor sich von der Jugend wünscht und welche Vorstellungen er vom Theater hat?*

❑ *Schreibe anschließend eine dazu passende Stellenanzeige für eine Zeitung.*

Die Ablehnung Beckmanns liegt jedoch nicht vorrangig in seiner Unerfahrenheit begründet, sondern in den unterschiedlichen Auffassungen von Beckmann und dem Direktor in Bezug auf die Funktion des Theaters. Das Bild der Gesellschaft, welches Borchert durch die Darstellung des Kabarettdirektors zeichnet, ist ein vorwärts gewandtes, das sich nicht mit der Vergangenheit auseinander setzen will. Die Gesellschaft habe kein Interesse an Wahrheiten, sondern eher an Vergnügungen, setzt der Direktor voraus. Dementsprechend solle das Theater erheben und erbauen, den Zuschauer kitzeln und nicht kneifen und solle finanziellen Gewinn abwerfen. Letztendlich wird die Funktion des Theaters in der Unterhaltung gesehen, die ablenken soll und als Leckerbissen fungiert. Das zeitkritische Potenzial, das ungeliebte Wahrheiten ans Licht der Öffentlichkeit bringt, ist unerwünscht. „Sie machen mir ja das Publikum böse. Nein, wir können die Leute nicht mit Schwarzbrot [...] füttern, wenn sie Biskuit verlangen." (S. 43)

❑ *Ist Beckmann eurer Meinung nach ein geeigneter Bewerber? Warum wird er abgelehnt? Welche Rolle spielt dabei die Vorstellung des Direktors von seinem Publikum und von der Aufgabe des Theaters?*

Die unterschiedlichen Positionen können in einem Tafelbild festgehalten werden.

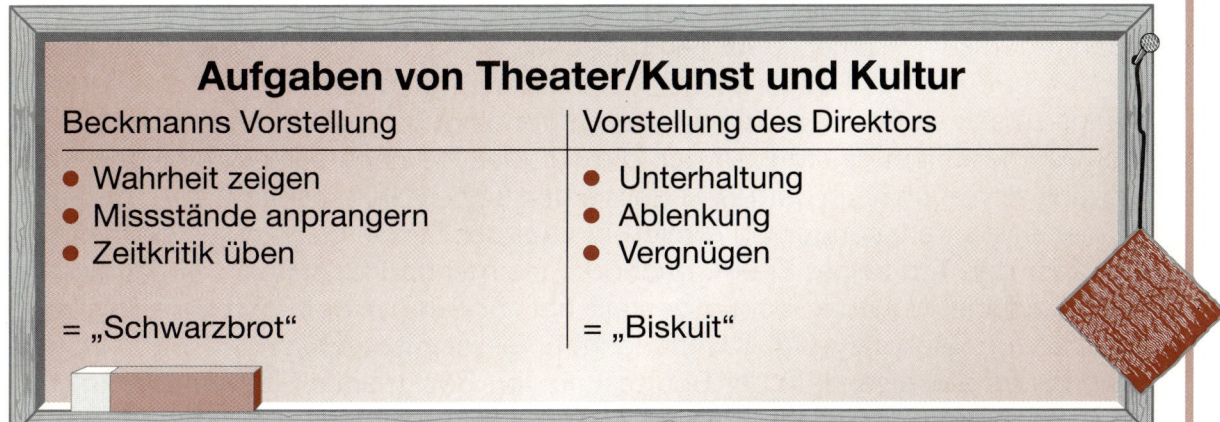

Aufgaben von Theater/Kunst und Kultur

Beckmanns Vorstellung	Vorstellung des Direktors
• Wahrheit zeigen	• Unterhaltung
• Missstände anprangern	• Ablenkung
• Zeitkritik üben	• Vergnügen
= „Schwarzbrot"	= „Biskuit"

In diesem Zusammenhang bietet es sich an, Bezüge zum Münsteraner Experiment (vgl. Textausgabe S. 80 – 81) herzustellen, das beweist, dass auch heute viele Theaterbesucher die Vergnügungsfunktion im Vordergrund sehen und sich über den kauernden Obdachlosen beschweren, ohne inhaltliche Bezüge zum Drama zu sehen.

Die Frage nach der persönlichen Einschätzung der Lernenden von den Aufgaben, die Kunst bzw. Kultur haben sollte, kann gut im Anschluss an die Analyse erörtert werden.

❏ *Beschreibe und erkläre das Münsteraner Experiment (vgl. S. 80 – 81). Stelle einen Zusammenhang zu den möglichen Aufgaben des Theaters her.*

4.4 ❏ Frau Kramer

Auf Frau Kramer trifft Beckmann mehr oder weniger ungewollt. Er möchte eigentlich als letzte Zufluchtsstätte sein Elternhaus und seine Eltern aufsuchen, muss dann aber feststellen, dass das blank geputzte Messingschild seiner Eltern gegen ein schmutziges Papierschild mit dem Namen Kramer ausgetauscht wurde.

Die 5. Szene beginnt mit einer relativ ausführlichen Schilderung von Beckmanns Erinnerungen an die Wohnung seiner Eltern. Diese Erinnerungen sind für ihn zwangsläufig mit seinen Eltern verbunden und strahlen für ihn Beständigkeit und Vertrautheit aus. „Da geht meine Mutter rein und raus. Dreimal, siebenmal, zehnmal am Tag. Jeden Tag. Ein Leben lang. Ein ganzes Leben lang." Er hofft darauf, Einlass zu finden, denn die Wohnungstür ist vom Krieg rein äußerlich unversehrt geblieben, sodass er fest davon ausgeht, dass die Tür aufgeht, ihn einlässt und dann wieder zugeht, sodass er „zu Hause" (S. 46) ist.

Das Leben hinter der Tür ist nicht verklärt dargestellt, sondern neben der Vertrautheit zeigen sich auch die Beschwerlichkeit und Monotonie des Lebens. Die Treppe knarrt, Fliesen geben Geräusche ab, der Wasserhahn der Küche tropft, der Briefkasten ist verbeult und die Farbe blättert ab, der Vater hustet und die Mutter schuftet schwer. Das Leben wird verglichen mit dem Auftrennen einer Strickarbeit, sodass es eher destruktiv als konstruktiv erscheint.

Bereits vor der Tür zerschlagen sich angesichts des falschen Türschildes alle Hoffnungen auf eine baldige Aufnahme im Elternhaus, und im Gespräch mit Frau Kramer, der Nachmieterin, erfährt Beckmann vom Tod seiner Eltern. Beckmann ist schon angesichts des Türschildes stark verunsichert. Er geht gedanklich nicht von der Möglichkeit eines Umzuges aus. Da das Haus von den Kriegshandlungen verschont geblieben ist und auch alle anderen ihm bekannten langjährigen Mieter noch darin wohnen, ist es für ihn völlig unverständlich, dass das Schild seiner Eltern, welches dreißig Jahre dort gehangen hat, fehlt. Da er seinen Informationsstand vor dem Krieg fraglos für den aktuellen hält, bleiben ihm nur die Feststellung: „Hier wohnt doch kein Kramer" und die Frage „Wo ist denn unser Schild?" Dabei zeigt die Verwendung des Possessivpronomens die empfundene Zugehörigkeit Beckmanns zu seinen Eltern, an die er aber bisher nicht gedacht hatte.

Frau Kramer öffnet einem Fremden die Tür, den sie nach seinem Anliegen fragt. Sie fühlt sich auch nach dem Bekanntwerden seines Namens nicht dazu genötigt, ihn hereinzubitten, sondern informiert ihn auf der Straße gleichgültig bis gefühlskalt über den Tod seiner Eltern, nachdem sie mehrfach die Besitzverhältnisse in Bezug auf die Wohnung richtig gestellt hat. Scheinbar befürchtet sie Besitzansprüche von Beckmann (vgl. Wohnungsnot). Sie ist misstrauisch, schwatzhaft tratschend und abweisend. In der Beurteilung von Beckmanns Eltern ist sie kaltherzig, hart und überheblich, denn auch sie war sicher eher Mitläuferin als

Widerstandskämpferin. Den Lernenden fällt es zum Teil schwer, den Charakter Frau Kramers sprachlich präzise zu benennen. Kaltherzigkeit wird mit Grausamkeit verwechselt, Tratschsucht mit offenem Wesen und Nettigkeit, Überheblichkeit mit Brutalität. In schwachen Lerngruppen ist hier eine Wortschatzübung angebracht.

Eine Charakterisierung über Kostüm und Requisiten ist hilfreich. Als mögliche Requisiten bieten sich Dinge des Haushalts an wie Besen, Rührschüssel oder Schälmesser; als Kostüm graues Kleid, fleckige Schürze, ungeordnete Haare; für die Szenerie graues Haus, kaltes Licht, Schlüsselbund.

Beckmanns emotional aufgewühlte Gemütsverfassung ist der Szene deutlich zu entnehmen. Ohne eine Begrüßung und Anrede an Frau Kramer bzw. eine Vorstellung seiner Person fragt er nach dem Verbleib des Schildes, erst später gezielt nach seinen Eltern. Die häufigen Wiederholungen, „ich bin hier doch geboren", und die Häufung der Fragesätze zeigen seine innere Anspannung und sein großes Informationsbedürfnis. So fordert er Frau Kramer ständig auf, weiter zu erzählen. Viele kurze, parataktische Sätze und einzelne Ausrufe unterstützen den Eindruck von Hektik und emotionalem Chaos. Selbst nachdem ihm Frau Kramer sehr schonungslos mitgeteilt hat, dass seine Eltern jetzt in der Gräberkolonie Kapelle 5 sind, kann Beckmann es gar nicht fassen, ist immer noch ungläubig und fragt, was sie denn da machten (vgl. S. 48). Angesichts fehlender Vorerkrankungen seiner Eltern ist ihm unklar, wieso sie ohne Grund gestorben sind. „Warum sind sie denn gestorben, ehe ich nach Hause kam? Ihnen fehlte doch nichts." (S. 48) Der Verlust seiner Eltern trifft ihn doppelt, denn er bedeutet auch den Verlust seiner letzten Hoffnung auf eine Zufluchtsstätte. Auf die Erläuterung der Gründe für ihren Selbstmord reagiert Beckmann verzweifelt und aggressiv, da Frau Kramer keinerlei menschliches Mitgefühl zeigt, sondern allein die Verschwendung des Gases bedauert. Er fordert sie auf, schnell die Tür zu schließen (vgl. Baustein 3.2), da er sonst nicht wisse, was er tue.

Die Erarbeitung beginnt mit einer Gliederung des Gespräches in Phasen und setzt den weiteren Schwerpunkt auf die Charakterisierung von Frau Kramer. Diese muss vorbereitend angekündigt werden, weil die Lernenden Gegenstände von zu Hause mitbringen sollen.

❏ *Gliedere das Gespräch und erläutere den Verlauf.*

❏ *Wie fühlt Beckmann sich? Woran merkt man seine Verfassung?*

Die Ergebnisse können in einem Tafelbild gesichert werden.

Gesprächsverlauf Frau Kramer – Beckmann

Gesprächsphasen	Gemütsverfassung
Klären der Identität und der Anliegen (bis S. 47, Z. 37)	Unsicherheit, innere Anspannung, großes Informationsbedürfnis, letzte Hoffnung
Information über Tod der Eltern und Beckmanns Reaktion (bis S. 49, Z. 22)	Unglauben, Erstaunen
Erläuterung der Gründe für den Selbstmord und Drohung Beckmanns (bis S. 50, Z. 8)	Verzweiflung, Aggressivität

❏ *Bringe einen Gegenstand mit, der deiner Meinung nach zu Frau Kramer passt (Requisiten, Kostümbestandteil). Lege ihn in die Mitte des Klassenraumes und begründe deine Auswahl.*

Anschließend wird die Sammlung aller mitgebrachten Dinge betrachtet und kommentiert.

❏ *Betrachte alle mitgebrachten Gegenstände und stelle Frau Kramer nun vor. Beginne deine Ausführungen mit: „Ich sehe einen Menschen, der …"*

Auf dieser Grundlage kann textanalytisch eine genaue Charakterisierung Frau Kramers erfolgen.

❏ *Schreibe eine Charakterisierung Frau Kramers. Lege die Seiten 47 bis 50 zu Grunde.*

4.5 ❏ Gott und Tod

In der 5. Szene wird die sehr komplexe, theologisch kontrovers diskutierte Theodizee-Frage (wie kann Gott gerecht sein, angesichts des Leidens in der Welt?) thematisiert. Innerhalb des Deutschunterrichts kann keine differenzierte und umfassende Diskussion stattfinden. Als prinzipieller Denkanstoß wird jedoch eine zu Borcherts dargestellter Sichtweise kontroverse Auffassung vorgestellt, um sein Gottesbild nicht absolut erscheinen zu lassen.

In dieser Szene kommt es zu Gesprächen Beckmanns mit Gott und Tod, nachdem die letzte Tür zugeschlagen ist und der Andere ihn nicht mehr erreichen kann. Im Traum begegnet er Gott, der immer mehr einer Jammergestalt gleicht.

Ausgehend von der Anrede „lieber Gott" wirft Beckmann ihm vor, nicht lieb zu sein, und hält diese Einschätzung für alle Leidenden für zutreffend. Er klagt Gott an, für sein Leid verantwortlich zu sein; Gott sei derjenige, der seinen Jungen zerreißen ließ. Gott verteidigt sich, indem er dies abstreitet. Beckmann jedoch variiert die Anklage nur und beschuldigt Gott, es zugelassen zu haben (vgl. S. 55). Er setzt Leiderfahrung und Gottesabwesenheit gleich und wirft ihm vor, sich nicht um die Menschen gekümmert zu haben. Beckmann nimmt eine klare Schuldzuweisung vor. Gott sei nicht da gewesen, Gott sei zu leise, Gott kümmere sich nicht, Gott lasse das Leid zu. Die Menschen beschreibt Beckmann in ihrer Angst und Not, die nach Gott ohne Resonanz geschrieen hätten und dementsprechend einen „neuen" brauchten (vgl. S. 56). Die Schuld und Mitverantwortung der Menschen für die Zustände, die auf der Welt herrschen, werden nicht thematisiert. Beckmann setzt einen allmächtigen Gott voraus, der das Leid hätte verhindern können, wenn er es nur gewollt hätte.
Die Selbstverteidigung Gottes ist wenig überzeugend, er weist zwar darauf hin, dass die Menschen zu laut seien, um ihn zu hören, und er die Menschen für diejenigen halte, die sich von ihm abgewandt hätten, er bietet jedoch keine Erklärung für das Leid an, noch zeigt er auf, welchen Sinn es haben könnte, an ihn trotz des Leidens zu glauben.
Dementsprechend hält Beckmann ihn nicht für einen lebendigen, sondern für einen toten Gott, der den Kontakt zu den Problemen der Zeit verloren habe, und schickt ihn weg.

❏ *Erarbeite die Vorwürfe, die Beckmann gegenüber Gott macht (S. 55–57).*

❏ *Unterstreiche die Reaktion Gottes. Wie kennzeichnet Beckmann das Verhältnis von Gott und Mensch?*

Die Theologin D. Sölle vertritt eine kontroverse Theologie. Sie bestreitet die Allmacht Gottes und glaubt, dass Gott sich auch im Leid, im Mit-Leiden den Menschen offenbart. Nach ihrem Verständnis ist der Mensch autonom geschaffen und für das Geschehen auf der Welt selbst verantwortlich (nicht nur Marionette Gottes). Leid ist für sie dementsprechend nicht gleichzusetzen mit Gottes Abwesenheit oder Desinteresse. Er ist im Leid anwesend, er kennt es aus eigener Erfahrung, da er sich in einem schwachen und leidenden Menschen den Menschen offenbart hat. Er kann dementsprechend trösten und den Blick auf das lenken, was der Mensch selbst gegen das Leiden tun kann. Sie umschreibt dies mit dem Ausdruck und der Forderung „Christi Bruder werden."

Der kurze Auszug aus ihrem Werk (Arbeitsblatt 12, S. 62) soll den grundsätzlich anderen Ansatz verdeutlichen.

Der Tod

Der Tod wird als Handelnder vorgestellt. Er sammelt die unzähligen Toten ein. Sein Ansehen hat sich verändert, er erscheint „(h)eute als Straßenfeger. Gestern als General." (S. 58), weil auch das Ansehen der Toten sich verändert habe, sie sind „im Kurs gesunken" (S. 58), man macht kein besonderes Aufheben mehr um sie, es gibt weder Salut und Kriegerdenkmal noch eine einfache Grabrede und Sterbegeläut. Trotz dieser ernüchternden Darstellung wünscht sich Beckmann mitgenommen zu werden, ist erleichtert, dass die Tür des Todes immer und überall für ihn offen steht.

❒ *Vergleicht, wie Gott und Tod dargestellt werden und wie sie auf Beckmann wirken.*

Notizen

_____

_____

_____

_____

_____

_____

_____

_____

_____

_____

_____

_____

_____

_____

Gottesbild

Dorothee Sölle: Leiden (Auszüge)

„Wer sein Leiden auf einen Allmächtigen, Fremden, Allesverhängenden gründet, der muss an ihm scheitern. Es bleibt dann die bloße Unterwerfung unter die Allmacht, eingeschlossen der Verzicht auf Gerechtigkeit, [...] Wie immer Menschen an diesem als heteronom erfahrenen Gott scheitern, der das Unrecht zulässt [...] – es sind Menschen, die zu viel von Gott, zu we-
5 nig von sich selber halten. [...]" (S. 165)

Sölle zitiert in ihrem Buch den überlebenden KZ-Häftling E. Wiesel:

„Die SS erhängte zwei jüdische Männer und einen Jungen vor der versammelten Lager-
mannschaft. Die Männer starben rasch, der Todeskampf des Jungen dauerte eine halbe Stunde. ‚Wo ist Gott? Wo ist er?', fragte einer hinter mir. Als nach langer Zeit der Junge sich im-
10 mer noch am Strick quälte, hörte ich den Mann wieder rufen: ‚Wo ist Gott jetzt?' Und ich hörte
eine Stimme in mir antworten: ‚Wo ist er? Hier ist er ... Er hängt dort am Galgen ...'" (S. 178)

Sie schlussfolgert:

„Der [...] Weg heißt: Christi Bruder werden. Er enthält den Verzicht auf die Gesamtlösung, und
der Blick richtet sich vom Himmel fort auf die hier Leidenden hin." (S. 215)
15 „Wir können die sozialen Bedingungen, unter denen Menschen vom Leid getroffen werden,
verändern. Wir können uns selber ändern und im Leiden lernen, statt böser zu werden. [...]
Aber auf all diesen Wegen stoßen wir an Grenzen, die sich nicht überschreiten lassen. Nicht
nur der Tod ist eine solche Grenze, es gibt auch Verdummung und Desensibilisierung, Ver-
stümmelung und Verwundung, die nicht mehr rückgängig gemacht werden können. Die ein-
20 zige Form des Überschreitens dieser Grenzen besteht darin, den Schmerz der Leidenden mit
ihnen zu teilen, sie nicht allein zu lassen und ihren Schrei lauter zu machen." (S. 217)

Aus: Dorothee Sölle: Leiden. © Kreuz Verlag, Stuttgart 2002, Neuauflage

❏ *Wie beschreibt Dorothee Sölle das Verhältnis Gottes zum Leid?*

❏ *Worin besteht der Unterschied zu dem Gott, so wie Borchert ihn zeichnet?*

❏ *Versucht die Seiten 55 – 57 gemäß Sölles Gottesvorstellung umzuschreiben.*

EinFach Deutsch: Unterrichtsmodell: Draußen vor der Tür. © Schöningh Verlag 2005

Rezeptionsgeschichte und Anregungen

Arbeit mit den Zusatzmaterialien

Die Zusatzmaterialien in der Textausgabe werden nur in Bezug auf übergeordnete Aspekte thematisiert. Es geht vorrangig um prinzipielle Möglichkeiten, die Zusatztexte funktional für das Verständnis von Borcherts Drama zu nutzen. Auf einzelne Texte wurde z. T. bereits in den anderen Bausteinen verwiesen.

Einen Überblick über die Aufführungs- und Rezeptionsgeschichte des Werkes ist im Textband auf den Seiten 78 – 87 enthalten. Deutlich wird, dass die Aufführungen stark von den jeweiligen zeitpolitischen Ereignissen Deutschlands abhängig sind. So erlebte das Werk unmittelbar nach seiner Entstehung in die von ihm charakterisierte Gegenwart hinein eine große Aufmerksamkeit und dann besonders wieder in Zeiten der Nachrüstungsdebatte ab 1979. Die Lernenden werden auf die große Bandbreite von Reaktionen auf das Werk aufmerksam gemacht. Vor allem die Kritik einiger von Borcherts Zeitgenossen zeigt deutlich, als welche Zumutung das Stück begriffen worden ist. Das über-zeitlich Wesenhafte wird durch zwei Aspekte beschrieben: Sein Antikriegscharakter und die Frage nach der Verantwortlichkeit bzw. die Frage nach Macht und Gewalt (vgl. S. 87). Besonders die gelungene Aktualisierung der Leiniger Aufführung wird beschrieben und begründet. Auf Seite 82 werden bereits exemplarisch jeweils eine abwertende und eine lobende Reaktion vorgestellt und begründet. Das Arbeitsblatt 13 (S. 65) kann als Vertiefung eingesetzt werden.

Neben der Erarbeitung dieser grundsätzlichen Kennzeichen bietet es sich an, einzelne kontroverse Rezensionen mit den Lernenden zu besprechen, um so eine eigene Auseinandersetzung und wertende Beurteilung vorzubereiten.

Während die Hamburger Freie Presse vor allem Borcherts aufrüttelnde, mahnende Intention befürwortet und das Werk als Ausdruck eines talentierten Dichters beschreibt, der der Jugend Stimme verleiht, weist Harnack dies weit von sich, beklagt die „in Tragik verliebte Haltung" und hält sie nicht für repräsentativ.

Die Lernenden sollen die wertende Grundhaltung der Texte erkennen und die beurteilenden Passagen unterstreichen. Danach soll die Argumentation der Autoren untersucht werden, sodass die Überzeugungskraft des Kommentars beurteilt werden kann.

❏ *Wie wird das Werk auf der S. 82 beurteilt? Sind die Beurteilungen nachzuvollziehen und argumentativ logisch?*

❏ *Unterstreiche alle wertenden Aussagen und Passagen.*

❏ *Bilde dir eine eigene Meinung zum Stück und schreibe selbst eine argumentativ schlüssige Beurteilung.*

❏ *Sollte das Stück deiner Meinung nach angesichts heutiger Kriegssituationen wieder verstärkt auf die Spielpläne? Führt eine Pro-und-Contra-Debatte, ob das Stück von eurer Schul-Theater AG eingeübt werden sollte.*

<u>Vorschlag für die Gedichte:</u>

❐ *Lies die Gedichte. Überlege, ob und wenn ja an welcher Stelle man sie in den Dramentext integrieren könnte. Versucht einen entsprechenden Lesevortrag.*

Möglich ist z. B. eine Einordnung des „Laternentraums" beim Einschlafen Beckmanns bzw. nach dem Traum.

Das Laternenmotiv in der „Legende" erinnert an das Gespräch zwischen Beckmann und dem Anderen über Licht und Finsternis, der „Brief aus Russland" ist in den Dialog zwischen dem Mädchen und Beckmann integrierbar, da Stalingrad direkt thematisiert wird. Das optimistische „Versuch es" wird in der Regel dem Anderen zugeschrieben.

<u>Vorschlag für die Kurzgeschichten:</u>

❐ *Lies die Kurzgeschichten. Vergleiche sie mit dem Drama. Wird ein ähnliches Bild vom Krieg entwickelt? Verhalten sich die Figuren angesichts des Leids ähnlich? Stelle Gemeinsamkeiten und Unterschiede heraus.*

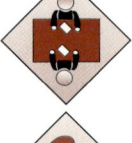

❐ *Du kennst jetzt viele Texte von W. Borchert. Gestalte eine DIN-A3 Seite, auf der du Mitschülern der Parallelklasse den Autor vorstellst und deine Auffassung von den besonderen Stärken und Schwächen seines literarischen Werkes herausstellst.*

❐ *Vielleicht wollt ihr einen Borchert-Abend gestalten, an dem ihr den Autor, Auszüge aus seinem Werk und ggf. eigene im Unterricht durch die Auseinandersetzung mit ihm entstandene Textproduktionen vorstellt. Ihr könnt dazu Eltern und Parallelklassen einladen.*

Notizen

_____

_____

_____

_____

_____

_____

_____

_____

_____

_____

_____

_____

_____

_____

_____

_____

Vertiefende Rezensionen

① „Die junge Generation soll durchaus anklagen, sie hat ein Recht auf bittere Anklage, aber dieser Angriff muss realistisch die wahrhaft Schuldigen bei uns – wie im Ausland – treffen und nicht gegen einen vernebelten Schicksalsbegriff anplätschern. Ja, die Jugend klage die ältere Generation an, die durch ihre weichlichfeige Haltung die deutsche Demokratie zu Schanden gehen ließ, die ihr das Wesen und den Sinn der Humanität vorenthielt und die ihr predigte, dass Hitler ein Gott und Baldur sein Prophet sei! Borcherts Haltung aber ist die eines schöngeistigen Untertans. Er reagiert auf die verschlossenen Türen wie ein Rekrut, der vom Spieß aus der Schreibstube geworfen worden ist. Nein! Niemals kann die vergreiste, in Tragik verliebte Haltung die Haltung der jungen Generation sein, von der wir alles erwarten. ‚Schlagt die Türen ein, wenn man euch nicht hereinlässt!' Werft die Kriegshetzer und Profitjäger, die das Grauen des Krieges nicht kennen und schon heute wieder mit dem Feuer spielen, hinaus! Baut an einem neuen demokratischen Deutschland mit! Borcherts These, dass für den Heimkehrer kein Platz sei, ist unwahr und muss mit allem Nachdruck bekämpft werden! [...]

In gefährliche Bezirke aber versteigt sich Borchert in der Szene ‚vor seiner elterlichen Wohnung'. Hier fordert er Mitleid für das aktive Nazi-Elternpaar, das nach dem Zusammenbruch Selbstmord beging. Hier klingt falsche Tragik. Borchert wirbt um Mitleid. Ja, hat er denn die Millionen und Abermillionen vergessen, die dem Naziterror zum Opfer fielen? Er wischt sie fort. Für ihn existieren keine Widerstandskämpfer, die ihre glühende Vaterlandsliebe mit bitterem Tod bezahlen mussten, er wirbt um Mitleid für Schuldige."

Falk Harnack in: Sonntag, Nr. 17, 1948

② „Die oft gestellte Frage ‚Wo bleibt die Jugend?' ist schlagartig beantwortet worden. Aus dem Mund eines jungen talentierten Dichters hat die Jugend gesprochen, klar und aufrüttelnd. Aus tiefster Not und in vollster Bedrängnis stellt sie die große Frage nach dem Sinn und Zweck dieses Lebens, Antwort von Gott und den Menschen fordernd. Die Jugend steht nicht abseits, sie ist nur vorsichtig geworden – nicht aus Angst; sondern aus Misstrauen. [...]

Borchert malt in düsteren Farben. Unerbittlich geißelt er die Menschen, die nur an sich denken, nur für sich leben und kein Verständnis für die Nöte und Sorgen des anderen haben. Wenn er auch in manchen Bildern zu krass zeichnet und Einzelfälle eines bitteren Erlebens zum allgemeingültigen Schicksal erheben möchte, so ist das Werk als Ganzes doch von eindrucksvoller Wucht. Die Beherrschung der sprachlichen Ausdrucksmittel ist überraschend.

Borchert gibt keine Antwort auf die brennenden Fragen des jungen Heimkehrers; er will und kann sie gar nicht geben; denn sie sind das Problem der Zeit, der Notschrei der jungen Menschen, die so gern ‚ja' sagen möchten. Er will zeigen, dass Güte und Klugheit keine selbstverständlichen Eigenschaften des Menschen mehr sind, sondern dass eine diabolische Gewalt in uns steckt. Er will uns aufrütteln aus der Trägheit unserer Herzen und uns vor dem Abgrund, an dessen Rand wir stehen, durch einen Aufschrei zurückreißen. So negativ die Grundhaltung des Werkes zu sein scheint, so positiv ist doch dieser Mahnruf, der allen Phrasen abhold ist, zu bewerten."

G.K. in: Hamburger Freie Presse, 26. 2. 1947

❐ *Wie wird das Werk beurteilt? Ist die Beurteilung argumentativ logisch?*

❐ *Widersprechen sich die Beurteilungen oder gehen sie auf unterschiedliche Aspekte ein?*

❐ *Schreibe zu einer der Rezensionen einen Leserbrief.*

EinFach Deutsch: Unterrichtsmodell: Draußen vor der Tür. © Schöningh Verlag 2005

Bildnachweis

5, 18: dpa, Frankfurt – 14, 16: Bilderdienst Süddeutscher Verlag – 15 Sudeten-deutsches Bildarchiv – 17: akg-images – 24 o.: Josef Janota – 24 u.: Stadtbauamt Wendlingen am Neckar – 30: DHM Berlin – 31: AKG, Berlin – 32, 33: S. Graunke – 47: Hanel/CCC, www.c5.net

UNTERRICHTSMODELLE

EINFACH DEUTSCH

Fordern Sie unseren Prospekt zur kompletten Reihe an:
Informationen zum Nulltarif ✆ 08 00 / 1 81 87 87

SCHÖNINGH VERLAG
Postfach 2540 · 33055 Paderborn

Schöningh

E-Mail: info@schoeningh.de
Internet: http://www.schoeningh.de